财务会计"云"系列智慧型教材  微课版

成本会计

主　编　刘齐阳　杨　瑛　郭　颂

副主编　牟小丽　刘　莹　黎　琴

電子工業出版社

Publishing House of Electronics Industry

北京·BEIJING

内 容 简 介

本书以制造业产品成本核算过程、产品成本计算方法为主线，基于成本会计岗位具体工作过程进行设计，是校企合作开发的基于产品制造等工作过程的学习领域课程成果。

本书分为7个项目，包括认识成本会计、要素费用的归集与分配、成本核算的品种法、成本核算的分批法、成本核算的分步法、成本核算的辅助方法、成本报表的编制与分析。

本书依托智慧学习平台，将教学视频、动画演示、在线实操、实时测评等教学资源和教材紧密结合起来，为课堂教学提供了强有力的补充，使教师易教、学生易学。

本书既可以作为职业院校会计专业相关课程的教学用书，也可供相关从业人员参考使用。

未经许可，不得以任何方式复制或抄袭本书的部分或全部内容。

版权所有，侵权必究。

图书在版编目 (CIP) 数据

成本会计 / 刘齐阳，杨瑛，郭颂主编 . —北京：电子工业出版社，2020.3

ISBN 978-7-121-36781-6

Ⅰ . ①成… Ⅱ . ①刘… ②杨… ③郭… Ⅲ . ①成本会计－高等职业教育－教材 Ⅳ . ① F234.2

中国版本图书馆 CIP 数据核字（2019）第 108124 号

责任编辑：张云怡　　特约编辑：孙雅琦　董玲

印　　　刷：三河市君旺印务有限公司

装　　　订：三河市君旺印务有限公司

出版发行：电子工业出版社

　　　　　北京市海淀区万寿路 173 信箱　　邮编：100036

开　　本：787×1092　1/16　　印张：11.75　字数：301 千字

版　　次：2020 年 3 月第 1 版

印　　次：2020 年 3 月第 1 次印刷

定　　价：49.80 元

凡所购买电子工业出版社图书有缺损问题，请向购买书店调换。若书店售缺，请与本社发行部联系，联系及邮购电话：(010) 88254888，88258888。

质量投诉请发邮件至 zlts@phei.com.cn，盗版侵权举报请发邮件至 dbqq@phei.com.cn。

本书咨询联系方式：(010) 88254573，zyy@phei.com.cn。

前　言

　　"成本会计"是会计专业的核心课程之一。本教材结合制造业成本核算工作和教学需要的实际，简单明了地阐述了成本核算的原理、方法和技巧，结构清晰，内容具有较强的实用性和针对性，既能帮助学生掌握科学的成本核算方法和技能，又能培养学生分析和解决问题的能力。本书以《教育部关于加强高职高专教育人才培养工作的意见》等文件精神为指导思想，以最新修订的《企业会计准则》和营改增相关法律法规为依据，以培养高素质、技能型财会人才的目标为出发点，力争打造"主体教材＋会计实训＋网络教学资源"的"书网互动"新形态教材。

　　本教材通过智慧学习平台，将"教"与"学"紧密衔接，教师通过平台实时发布任务，学生能够迅速响应、提交任务。同时，作者将实务操作融入教材之中，既保持会计框架体系，又注重实际操作技能的训练，将理论知识学习与实践技能训练、专业能力培养与职业素质培养融为一体，提升学生会计综合职业能力。

　　本书在夯实理论知识的基础上，突出岗位职业技能训练，利用网络技术，通过智慧学习平台将教学视频、动画演示、在线实操、实时测评等教学资源和教材紧密结合起来，为课堂教学提供了强有力的补充，使教师易教、学生易学。本书具有以下几个特色。

　　1. 知识内容新

　　本书根据最新的《企业会计准则》和营改增相关法律法规进行编写，体例新颖、内容时效性强。

　　2. 编写理念新

　　本书根据企业实际岗位需求设计实训内容，旨在真正提高学生实践操作技能。全书嵌入二维码，通过智慧学习平台使师生在课上和课下形成良好互动，打破传统学习在时间和空间上的限制。

　　（1）教师可以通过智慧学习平台控制学生学习进度，省时高效地对学生进行管理，同时还可和学生进行深度互动。在横向上，分析学生成绩数据和不同题目的掌握情况；在纵向上，分析每周的学习进度和期末成绩，真正做到通过数据掌控教学进度和学生认知接受程度。

　　（2）学生可以通过观看视频、动画、文本等直观清晰的教学资源加强对所学知识点的理解和掌握；可以在智慧学习平台进行交互仿真随堂实训练习，真实感受现实经济业务中的会计处理；还可以在线提交完成的学习任务。

　　学生通过网络可以在移动端随时进行预习、复习、练习，教师可以随时答疑批复，不再局限于传统课堂面授形式的时间和空间限制。

　　3. 体例形式新

　　本教材在编写上力求克服专业教材刻板、枯燥的编排形式，将内容要点化、步骤化、图表化、案例化，增强启发性。每个项目都设计了CFO告诉你、关键术语、技能点提示、案例实训等辅助环节，各环节力求结合实际，增强学生的感性认识，以达到便于理解、快速掌握的目的。

4. 配套资源丰富

本书配有丰富的教学资源，实用性强。在多年的教学经验和教材编写经验的积累过程中，作者沉淀了丰富的课程资源，包括视频、习题、案例、实训等种类齐全的各类教学及学习资源，表现形式直观、生动，可满足广大教师和学习者的需要。

本书由刘齐阳（岳阳职业技术学院）、杨瑛（黑龙江生物科技职业学院）、郭颂（岳阳职业技术学院）担任主编；牟小丽（潍坊职业学院）、刘莹（辽宁生态工程职业学院）、黎琴（岳阳职业技术学院）担任副主编；黄晓甜（湖南有色金属职业技术学院）参与了本书的编写工作。

本书在编写过程中，借鉴参考了许多财务会计类专著、教材、杂志，以及网上相关资料，在此一并向其作者表示感谢。

由于编者水平有限，书中难免存在疏漏和不足之处，敬请广大读者批评、指正。

编　者

目　　录

认识成本会计

 导语

作为会计人员，应理解成本的概念，以及成本会计的核算对象、核算程序和核算方法。

本项目架构

- ☑ 了解成本的含义与作用
- ☑ 了解成本会计
- ☑ 掌握成本核算的要求和程序
- ☑ 掌握企业生产类型与成本核算方法

1.1 了解成本的含义与作用

cfo 告诉你

成本的含义、内容和作用，支出、费用与成本的区别和联系。

关键术语

成本
产品成本
支出
资本性支出
收益性支出
所得税支出
营业外支出
费用
生产费用
期间费用

1.1.1 成本的含义

按照政治经济学的定义，成本就是企业在生产经营活动中耗费的物化劳动和活劳动中必要劳动部分的货币表现。在不同的情况下，产品成本的概念具有不同的意义，其涵盖的成本范围也不同。例如，财务报告中使用的产品成本是指存货成本，包括库存材料的成本、在产品成本、半成品成本和产成品成本等。企业在产品定价中使用的产品成本，是指从产品研发到销售及售后在内的所有与产品相关的成本。

1.1.2 成本的内容

从理论上讲，产品成本是企业产品价值中的物化劳动的价值和劳动者为自己劳动所创作的价值之和。但是在实际工作中，对于一个实行经济核算制的企业来说，必须以生产经营过程中的收入来弥补支出，补偿生产经营中的资金耗费。因此，在实际工作中，从资金的补偿角度而言，成本的内容主要指以下成本开支范围。

（1）为制造产品而消耗的原材料、辅助材料、外购半成品和燃料等。

（2）为制造产品消耗的动力费。

（3）企业生产单位支付的职工薪酬。

（4）生产用固定资产折旧费、租赁费（不包括融资租赁费）和低值易耗品的摊销费用。

（5）企业生产单位因生产原因发生的废品损失，以及季节性、修理期间的停工损失。

（6）企业生产单位为管理和组织生产而支付的办公费、取暖费、水电费、差旅费，以及运输费、保险费、设计制图费、试验检验费和劳动保护费等。

1.1.3　成本的作用

1. 成本是生产耗费的补偿尺度

在市场经济条件下，企业作为一个自负盈亏的生产和经营单位，其生产经营过程中的耗费必须从生产的销售收入中得到补偿，而成本就是衡量需要补偿额度大小的尺度。如果企业不能补偿生产经营消耗，再生产就不能按原有规模进行。此外，成本也是划分企业的生产经营耗费和纯收入的依据，在产品销售价格不变的情况下，企业盈余的多少取决于产品成本的高低。因此，成本作为补偿尺度对于评价企业经济效益、正确处理企业和利益相关者之间的分配关系具有重要意义。

2. 成本是反映企业工作质量的一个综合指标

成本是企业生产经营耗费的综合反映。企业经营管理中各方面的工作业绩都可以直接或间接地在成本上得到反映，这是因为企业劳动生产率的高低、固定资产利用的好坏、材料费用的合理利用和节约程度、费用开支的节约和浪费、产品产量的多少和质量的好坏、管理工作和生产组织的水平等最终都会在产品成本中反映出来。成本作为衡量企业生产经营活动质量的综合指标，对促使企业改善经营管理、提高经济效益也有着重要的意义。在经济管理中，企业可以通过对成本的计划、控制、核算、考核和分析促使各部门加强经济核算，改进经营管理水平，努力降低成本，提高经济效益。

3. 成本是制定价格的重要经济依据

在商品经济条件下，产品价格是产品价值的货币表现。产品价格应大体上符合其价值。无论是国家还是企业，在制定产品价格时都应遵循价格规律的基本要求。但在现阶段，人们还不能直接计算产品的价值，而只能计算成本，通过成本间接地、相对地掌握产品的价值。因此，成本就成了制定产品价格的重要因素。

4. 成本是进行经营预测、决策和分析的重要依据

在市场经济条件下，市场竞争异常激烈，企业要在激烈的市场竞争中取胜，就要面向市场，对生产计划的安排、工艺方案的选择、新产品开发等都要采用现代科学管理的手段进行经营预测，从而做出正确的决策，而成本就是经营策划的重要依据。同时，为了更好地对企业的生产经营活动进行管理和控制，还必须定期与不定期地对企业的生产经营情况进行分析，从而采取有效措施，促使企业完成各项计划任务。只有及时提供准确的成本资料，才能使预测、决策和分析等活动建立在可靠的基础之上。所以，成本指标就成了企业进行经营预测、决策的重要数据资料。

1.1.4 支出、费用与成本之间的关系

为了进一步深刻理解成本的概念，需明确支出、费用和成本的关系及区别。

1. 支出

支出是指企业在经济活动中发生的一切开支与耗费。一般而言，企业的支出可分为资本性支出、收益性支出、所得税支出、营业外支出和利润分配性支出五大类。

（1）资本性支出。

资本性支出是指该项支出的发生不仅与本期收入有关，也与其他会计期间的收入有关，而且主要是为以后各期的收入取得而发生的支出，如企业购建的固定资产、取得的无形资产，以及对外投资等。

（2）收益性支出。

收益性支出是指一项支出的发生仅与本期收益的取得有关，因而它直接冲减当期收益，如企业为生产产品而发生的材料、工资等开支。

（3）所得税支出。

所得税支出是指企业在取得经营所得与其他所得的情况下，按我国《税法》规定，根据企业应纳税所得额计算并缴纳所得税而发生的支出。所得税支出作为所得税费用，直接用当期收益补偿。

（4）营业外支出。

营业外支出是指与企业生产经营业务没有直接联系的各项支出，如企业支付的各项罚款、违约金、赔偿金、赞助支出及非常损失等。

（5）利润分配性支出。

利润分配性支出是指利润分配过程中发生的开支，如支付的现金红利等。

2. 费用

费用是指企业为销售商品、提供劳务等日常活动所发生的经济利益的流出。费用按其同产品生产的关系，可划分为生产费用和期间费用两类。生产费用是指产品生产过程中发生的物化劳动和活劳动的货币表现，如直接材料、直接人工和制造费用等耗费，它同产品生产有直接关系；期间费用是指同企业的经营管理活动有密切关系的耗费，同产品的生产没有直接关系，但与发生的期间相配比，应作为当期收益的抵减。期间费用包括销售费用、管理费用和财务费用。

3. 成本

成本是一种耗费，有广义与狭义之分。广义的成本是指企业发生的全部费用，包括生产费用与期间费用。狭义的成本通常仅指产品成本。产品成本是指为制造一定数量、一定种类的产品，而发生的以货币表现的各种耗费，是对象化的生产费用。

如上所述，支出是企业在经济活动中所发生的所有开支与耗费。费用是支出的主要组成部分，是企业支出中与生产经营相关的部分。产品成本是生产费用的对象化，生产费用是计算产品成本的基础，产品成本是生产费用的最后归宿。如果企业没有在产品，当期生产费用即为当期完工产品成本，如果企业有在产品，则生产费用与完工产品成本的关系是：

本期完工产品成本 = 起初在产品成本 + 本期生产费用 - 期末在产品成本

1.2 了解成本会计

cfo 告诉你

什么是成本会计？它的核算对象是什么？承担着什么样的职能？如何组织成本核算？

关键术语

成本会计
成本预测
成本决策
成本计划
成本控制
成本核算
成本分析
成本考核
成本检查

1.2.1 成本会计的概念

会计是以货币为主要计量单位，运用专门方法，对一个经济单位的经济活动过程进行连续、系统、全面的核算和监督，旨在提高经济效益的一种管理活动。成本会计作为现代会计的一个分支，同样具备以货币为主要计量单位、以真实合法的会计凭证为依据、有一套专门会计方法和会计核算资料，具有连续性、系统性、综合性、全面性的会计基本特征。成本会计侧重于对企业生产经营过程中发生的产品（或商品、劳务）成本和各项费用进行核算和监督，其目的是对成本和费用加强管理，在取得同样的资产或经营成果的前提下，尽可能地降低成本、节约费用，进而提高经济效益。

成本会计是运用会计的基本原理和一般原则，采用一定的会计技术方法，对企业生产经营过程中发生的产品（或商品、劳务）成本和期间费用进行连续、系统、全面、综合的核算和监督，旨在降低成本和节约费用的一种管理活动。会计是随着人类社会生产的发展和经济管理的需要而产生、发展并不断完善起来的，它本身就是一个不断发展的动态过程。企业在生产活动中，为了获得一定的资产或收入，必然要耗费一定的人力、物力和财力，这就需要运用会计的基本原理和一般原则，采用一定的会计技术方法，对发生的各种耗费进行正确的确认、计量、记录，恰当地核算出为获取一定资产所付出的代价（成本）或为取得一定收入而付出的费用，为企业管理者制定商品价格，寻求降低成本、节约费用的途径，以及为加强经营管理提供可靠的信息依据。

1.2.2　成本会计的对象

成本会计的对象是指成本会计反映和监督的内容。成本会计所反映和监督的具体内容是指企业在生产经营过程中所发生的产品成本和期间费用。

对工业企业而言，其成本会计的对象是指工业企业在生产经营过程中发生的产品成本和期间费用。产品成本是指企业一定时期内为生产一定产品所支出的生产费用。概括地讲，生产费用包括劳动资料与劳动对象等物化劳动耗费和活劳动耗费两大部分。其中房屋、机器设备等作为固定资产的劳动资料，在生产过程中长期发挥作用，直至报废而不改变其实物形态，但其价值则随着固定资产的磨损，通过计提折旧的方式，逐渐地、部分地转移到所制造的产品中去，构成产品成本的一部分；原材料等劳动对象在生产过程中或者被消耗掉，或者成为产品实体的组成部分，其价值随之一次性转移到所生产的产品中去，也构成产品成本的一部分；在生产过程中，劳动者借助于劳动工具对劳动对象进行加工、制造，最后加工出新的产品，在这个过程中，凝结了劳动者一定量的活劳动耗费，这种耗费以职工薪酬的形式构成了产品成本的一部分。

期间费用是指企业在生产经营过程中发生的，与产品生产活动没有直接联系，属于某一时期发生的直接计入当期损益的各种耗费。期间费用包括：企业在产品销售过程中发生的各项销售费用、企业行政管理部门为组织和管理生产经营活动而发生的各项管理费用、企业为筹集生产经营所需资金而发生的财务费用。

企业在产品的销售过程中，也会发生各种各样的费用支出。例如，应由企业负担的运输费、装卸费、包装费、保险费、展览费、差旅费、广告费，以及为销售本企业商品而专设的销售机构的职工薪酬、类似职工薪酬性质的费用、业务费等。所有这些为销售本企业产品而发生的费用，构成了企业的销售费用。销售费用按照现行《企业会计准则》的规定，应以期间费用的形式计入当期损益。

企业的行政管理部门为组织和管理生产经营活动，也会发生各种各样的费用。例如，企业行政管理部门人员的薪酬、固定资产折旧、工会经费、业务招待费、坏账损失等，这些费用可统称为管理费用。企业的管理费用按照现行《企业会计准则》的规定，也应以期间费用的形式计入当期损益。

此外，企业为筹集生产经营所需资金也会发生一些费用。例如，利息净支出、汇兑净损失、金融机构的手续费等，这些费用可统称为财务费用。企业的财务费用按照现行《企业会计准则》的规定，亦应以期间费用的形式计入当期损益。

综上所述，按照现行《企业会计准则》的有关规定，可以把工业企业成本会计的对象概括为：

工业企业在生产经营过程中发生的产品成本和期间费用。

商品流通企业、交通运输企业、施工企业、农业企业等其他行业企业的生产经营过程虽然各有其特点，但按照现行《企业会计准则》的有关规定，从总体上看，它们在生产经营过程中所发生的各种耗费，同样是部分作为企业的生产经营业务成本，部分作为期间费用直接计入当期损益。因此，从现行《企业会计准则》的有关规定出发，可以把成本会计的对象概括为：企业生产经营过程中发生的生产经营业务成本和期间费用。

1.2.3 成本会计的职能

成本会计的职能是指成本会计作为一种管理经济的活动，在生产经营过程中所能发挥的作用和功能。由于现代成本会计与管理紧密结合，因此，它实际上包括了成本管理的各个环节。成本会计的主要职能有：成本预测、成本决策、成本计划、成本控制、成本核算、成本分析、成本考核和成本检查等职能。成本会计的职能之间互相联系、互相依存，构成了成本会计工作的有机整体。

1. 成本预测

成本预测是组织成本决策和编制成本计划的前提。通过成本预测，掌握未来的成本水平及其变动趋势，有助于把未知因素转化为已知因素，帮助管理者提高自觉性，减少盲目性；通过成本预测做出生产经营活动中所可能出现的有利与不利情况的全面和系统分析，还可避免成本决策的片面性和局限性。

成本预测是加强企业全面成本管理的首要环节。现在，单靠事后的计算分析已经远远不能适应客观的需要。成本工作的重点必须相应地转到事前控制上。这一观念的形成将对促进企业合理地降低成本、提高经济效益具有非常重要的作用。

2. 成本决策

成本决策是指依据掌握的各种决策成本及相关的数据，对各种备选方案进行分析比较，从中选出最佳方案的过程。成本决策与成本预测紧密相连，它以成本预测为基础，是成本管理不可缺少的一项重要职能，它对于正确地制订成本计划，促使企业降低成本、提高经济效益都具有十分重要的意义。

成本决策涉及的内容较多，包括可行性研究中的成本决策和日常经营中的成本决策。由于前者以投入大量的资金为前提来研究项目的成本，因此这类成本决策与财务管理的关系更加紧密；后者以现有资源的充分利用为前提，以合理且最低的成本支出为标准，属于日常经营管理中的决策范畴，包括零部件自制或外购的决策、产品最优组合的决策、生产批量的决策等。

3. 成本计划

成本计划是企业生产经营总预算的一部分，它以货币形式规定企业在计划期内产品生产耗费和各种产品的成本水平以及相应的成本降低水平和为此采取的主要措施的书面方案。成本计划属于成本的事前管理，是企业生产经营管理的重要组成部分，通过对成本的计划与控制，分析实际成本与计划成本之间的差异，指出有待加强控制和改进的领域，达到评价有关部门的业绩，增产节约，从而促进企业发展的目的。

4. 成本控制

成本控制,是企业根据一定时期预先建立的成本管理目标,由成本控制主体在其职权范围内,在生产耗费发生以前和成本控制过程中,对各种影响成本的因素和条件采取的一系列预防和调节措施,以保证成本管理目标实现的管理行为。

成本控制的过程是运用系统工程的原理对企业在生产经营过程中发生的各种耗费进行计算、调节和监督的过程,也是一个发现薄弱环节,挖掘内部潜力,寻找一切可能降低成本途径的过程。科学地组织实施成本控制,可以促进企业改善经营管理,转变经营机制,全面提高企业素质,使企业在市场竞争的环境下生存、发展和壮大。

5. 成本核算

成本核算是指将企业在生产经营过程中发生的各种耗费按照一定的对象进行分配和归集,以计算总成本和单位成本。成本核算通常以会计核算为基础,以货币为计算单位。成本核算是成本管理的重要组成部分,对于企业的成本预测和企业的经营决策等存在直接影响。进行成本核算,首先审核生产经营管理费用,看其是已否发生,是否应当发生,已发生的是否应当计入产品成本,从而实现对生产经营管理费用和产品成本直接的管理和控制;其次对已发生的费用按照用途进行分配和归集,计算各种产品的总成本和单位成本,为成本管理提供真实的成本资料。

6. 成本分析

成本分析,是利用成本核算及其他有关资料分析成本水平与构成的变动情况,研究影响成本升降的各种因素及其变动原因,寻找降低成本的途径的分析方法。成本分析是成本管理的重要组成部分,其作用是正确评价企业成本计划的执行结果,揭示成本升降变动的原因,为编制成本计划和制定经营决策提供重要依据。

7. 成本考核

成本考核,是指定期考查审核成本目标实现情况和成本计划指标的完成结果,全面评价成本管理工作的成绩。成本考核的作用是,评价各责任中心特别是成本中心业绩,促使各责任中心对所控制的成本承担责任,并借以控制和降低各种产品的生产成本。

成本实际指标同计划、定额、预算指标对比,考核成本计划完成情况、评价成本管理实绩。是实现全面成本管理的重要环节,是对成本实行计划管理的重要手段。考核时,应以国家的政策法令为依据,以企业的成本计划为标准,以完整可靠的资料、指标为基础,以提高经济效益为目标。

8. 成本检查

成本检查是成本监督的一种形式,它通过对企业成本管理各项工作的检查,揭露矛盾,明确责任,保证成本制度和财经纪律的贯彻执行,改进成本管理。

成本检查一般包括:

(1)企业成本管理责任制的建立和执行情况;

(2)成本管理基础工作是否健全和完善;

(3)成本核算方法程序是否正确,数据是否真实,成本数据所反映的生产费用支出是否合理合法,是否遵守了成本开支范围;

(4)成本计划及其执行情况等。

1.2.4 成本会计的任务

成本会计的任务取决于成本会计的职能和生产经营管理对成本会计的要求。根据成本会计本身所具有的成本核算和成本监督两个基本职能和管理上降低成本、节约费用、提高经济效益的基本要求，成本会计的任务主要有以下几个方面。

1. 正确计算产品（或商品、劳务）成本，及时提供成本、费用信息

成本计算是成本核算的具体工作，是成本会计的关键和基础。企业的成本、费用信息主要来源于成本计算。只有在正确计算产品（或商品、劳务）成本并且及时提供成本、费用信息的基础上，企业才能正确地进行生产经营耗费的补偿和合理制定产品价格，才能进行成本分析，有效地考核成本计划的完成情况，评价生产经营工作的质量。

2. 考核成本计划的完成情况，开展成本分析

在企业的生产经营管理中，成本、费用是两个极为重要的经济指标，它们可以综合反映企业及企业内部各有关单位的工作业绩。因此，成本会计必须按照成本计划的要求进行成本考核。成本是综合性很强的指标，其计划的完成情况是诸多因素共同作用的结果。因此，在成本管理工作中，还必须认真、全面地开展成本分析工作。通过成本分析，揭示影响成本升降的各种因素及其影响程度，以便正确评价企业以及企业内部各有关单位在成本管理工作中的业绩和揭示企业成本管理工作中的问题，从而促进成本管理工作的改善，提高企业的经济效益。

3. 严格审核和控制各项费用支出，努力节约开支，不断降低成本

企业作为自主经营、自负盈亏的商品生产者和经营者，应贯彻增产节约的原则，加强成本核算，不断提高企业的经济效益。这是社会主义市场经济对企业的客观要求，在这方面成本会计担负着极为重要的任务。为此，成本会计必须以国家有关成本费用开支范围和开支标准，以及企业的有关计划、预算、规定、定额等为依据，严格控制各项费用的开支，监督企业内部各单位严格按照计划、预算和规定办事，并积极探求节约开支、降低成本的途径和方法，以促进企业提高经济效益。

1.2.5 成本会计的组织工作

1. 成本会计机构与人员

企业的成本会计机构，是指在企业中直接从事成本会计工作的机构。一般而言，大中型企业应在专设的会计部门中，单独设置成本会计机构，专门从事成本会计工作；在规模较小、会计人员不多的企业中，可以在会计部门中指定专人负责成本会计工作。成本会计机构内部，可以按成本会计所担负的各项任务分工，也可以按成本会计的对象分工，在分工的基础上建立岗位责任制，使每一个成本会计人员都明确自己的职责，每一项成本会计工作都有人负责。另外，企业的有关职能部门和生产车间，也应根据工作需要设置成本会计组或者配备专职或兼职的成本会计人员。

由于成本会计工作的重要性和特殊性，所以企业应在成本管理机构中配备数量相当、诚实可靠、具备一定专业能力、能够保密的成本会计人员。作为成本会计人员，不仅要懂会计，还应懂经营管理，熟悉所在企业的生产流程和人文环境。成本会计人员应该深入生产现场，了解生产工艺、流程、技术等，以掌握成本信息的生成过程，注意发现成本管理中存在的问题并提出改进的意见

和建议,学会运用价值工程和成本竞争优势分析方法,坚持技术与经济相结合,成本与效益相结合,把预测、决策、计划和控制放在重要地位,不再只是负责成本核算,使成本会计在企业中发挥更大的作用。

2. 单位成本会计制度

成本会计制度是成本会计工作的规范,是会计法规和制度的重要组成部分。企业应遵循国家有关法律、法规、制度,如现行《企业会计准则》和《企业会计制度》等的相关规定,并结合企业生产经营的特点和管理的要求,制定企业内部成本会计制度,作为企业进行成本会计工作具体和直接的依据。

1.3 掌握成本核算的要求和程序

cfo 告诉你

成本核算应如何进行?用什么样的账户来对成本进行核算?通过怎样的程序对成本进行核算?

关 键 术 语

成本核算
生产成本
制造费用
长期待摊费用
废品损失
停工损失
销售费用
管理费用
财务费用

1.3.1 成本核算的基本要求

1. 关于产品成本核算环境的整体要求

企业内部管理者通常需要根据成本核算信息开展成本预测、成本决策、成本控制、成本考核及评价等管理活动。成本核算是成本管理的一项基础性工作。例如，企业在进行定价决策时需要掌握特定产品的成本信息，在进行生产流程优化决策时需要掌握各个生产步骤的成本信息，在进行营销决策时需要掌握特定订单或客户的产品成本信息。同时，成本管理又为成本核算的不断完善提供了方向和环境。因此，会计制度规定，企业应当充分利用现代信息技术，编制、执行企业产品成本预算，对执行情况进行分析、考核，落实成本管理责任制，加强对产品生产事前、事中、事后的全过程控制，加强产品成本核算与管理各项基础工作。

随着企业IT技术的运用、新制造环境的逐渐形成，企业使用现代信息技术来管理经营与生产，最大限度地发挥现有设备、资源、人、技术的作用，是产品成本核算和管理的趋势。因此，会计制度具备现代信息技术条件的企业应当在产品成本管理的整个过程中充分予以利用，提高产品成本管理包括核算的科学性、系统性。值得注意的是，会计制度在产品成本核算对象、产品成本核算项目和范围，以及产品成本归集、分配和结转三个章节中均明确规定，企业内部管理有相关要求的，可以按照现代企业多维度、多层次的管理需要，确定多元化成本核算对象，对有关成本项目进行组合，以及在此基础上对有关费用进行归集、分配和结转。

2. 加强成本核算的各项基础工作

企业必须加强成本核算的各项基础工作，这是正确核算产品成本的重要前提。成本核算如果没有可靠的基础工作，就无法取得正确完整的原始数据，无法汇集应有的生产费用和进行合理的费用分配，无法计算出正确的产品成本。加强基础工作主要包括：一是建立原材料、在产品、半成品和产成品等各项财产物资（也包括固定资产、低值易耗品等）的收发、领退、转移、报废和清查盘点制度；二是健全与成本核算有关的各项原始记录；三是制定或修订材料、工时、费用的各项定额等；四是完善各种计量检测设施，严格执行计量检验制度。

3. 划清成本费用的几个界限

企业应当根据所发生的有关费用能否使产品达到目前场所和状态的原则，正确区分产品成本和期间费用。在进行产品成本核算时，应注意区分以下几个界限。

（1）划清收益性支出与资本性支出的界限。

收益性支出是指仅为取得当期收益而发生的支出或消耗，如支付当期的职工薪酬等属于收益性支出；资本性支出是指与本期和以后各期取得收益都相关的支出，如购买固定资产和无形资产的支出等属于资本性支出。

按企业会计准则的规定，收益性支出符合成本确认条件的，计入当期的成本费用；资本性支出通常确认为资产，用于生产的，将通过折旧的方式分期计入产品成本，而不能直接计入当期成本费用。

（2）划清营业性支出与营业外支出的界限。

营业性支出（经营性支出）是指企业的正常生产经营活动发生的支出。营业外支出是指在正常的生产经营活动以外由于偶然的、特殊的原因发生的一些支出和损失，如自然灾害造成的损失，固定资产盘亏、固定资产处置造成的净损失等都属于营业外支出。

在成本费用计算过程中，只能将生产经营性支出计入产品成本和有关费用，对营业外支出要单独进行核算与反映，而不能计入成本和费用。所以在计算成本时，要将各项营业外支出划分在成本费用以外。

（3）划清生产成本与期间费用的界限。

在成本核算时，为了将产品的制造成本单独进行反映，必须将计入产品成本的生产成本与不计入产品成本的期间费用区分开来。生产单位（如车间）发生的各项生产和管理费用，一般都列入生产成本，生产成本最后都要计入产品成本。生产单位以外的行政管理部门发生的管理费用，销售部门为销售产品发生的销售费用，为筹集生产经营资金发生的财务费用（不符合资本化条件的）等，一般都列入期间费用。期间费用不计入产品成本，而直接计入当期损益。

（4）划清各月份的费用界限。

对生产成本，还要按权责发生制原则，分清应计入本月的生产成本和不应计入本月的生产成本。凡是本期成本应负担的费用，无论款项是否已支付，均应计入本期成本；凡是不属于本期成本负担的费用，即使款项已经支付，也不应计入本期成本。只有将已经发生的成本费用全部计算入账，才能使成本的内容真实完整。如果将款项虽已支付而尚未发生的费用计入成本，或者将款项虽未支付而实际已经发生的费用不计入成本，那么成本的内容就会不实、不全。权责发生制原则的运用要和重要性原则相结合，如果涉及的金额很小，不足以影响成本的正确程度的，也可以按照收付实现制的方法处理。

（5）划清各种产品的费用界限。

如果一个生产单位（如一个生产车间）生产两种以上的产品，则对计入当期产品成本的生产成本，还要在各种不同的产品中分配。其中，能直接分清是哪种产品发生的费用可直接计入该种产品的成本；对几种产品共同发生，又不能直接分清哪种产品发生多少费用的，则要先按一定标准在各种产品中进行分配，将分配结果分别计入各种产品成本（计入各种产品成本明细账）。

（6）划清本月完工产品与在产品的费用界限。

当把各项生产成本分别计入各种产品以后，如果某种产品已全部完工，则该种产品明细账所归集的全部生产成本就是该种完工产品的总成本，总成本除产量，就是该种产品的单位成本；如果某种产品没有完工，那么，该种产品成本明细账中所归集的全部生产成本，就是该种产品的月末在产品成本；如果某种产品一部分完工，另一部分没有完工，就需要用一定的方法，将该种产品明细账中归集的全部生产成本，在完工产品和未完工产品（月末在产品）中进行分配，从而计算出完工产品成本。

各种费用、支出的划分如图 1-1 所示。

4. 遵守一致性原则

企业产品成本核算采用的会计政策和估计一经确定，不得随意变更。一致性原则在成本核算中是指各种处理方法要前后一致，使前后各项的成本资料相互可比。在成本核算中，有些业务事项可以有几种不同的处理方法，如材料计价可以采用先进先出法、加权平均法等，会计制度允许企业根据实际情况选用，但前后各期必须一致，不得任意变更。这不仅是为了使企业各个时期的成本核算资料有统一口径，前后连贯，相互可比，而且也是为了防止利用改变核算方法，人为地调节成本。

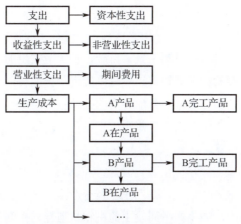

图 1-1　各种费用、支出的划分

5. 按照企业内部管理的需要进行产品成本核算

（1）产品成本核算的主要内容。

产品成本核算是指按照法规制度和企业管理的要求，对生产经营过程中实际发生的各种劳动耗费进行计算、归集与分配，并把核算的成本信息传递给有关的使用者。产品成本核算是针对产品的成本归集与分配活动，一般流程包括确定产品成本核算的对象，确定成本范畴，进而根据核算对象的特点及成本形成过程、方式，设计具体的核算项目（成本归集），确定共同成本分配方式、成本信息的披露等。

产品成本核算是企业财务管理的重要内容，是成本管理工作的关键和基础。通过产品成本核算，反映企业在生产和销售过程中各种费用的实际支出数额，可以正确确定产品实际成本，正确计算盈亏；通过产品成本核算，可以及时、有效地监督和控制企业生产经营过程中各项费用开支，争取达到预期的成本目标；通过产品成本核算，还可以为进行成本预测、规划未来成本目标和降低成本的各种可能途径提供资料。总之，通过产品成本核算，可以达到降低消耗、节约开支、提高经济效益的目的。

（2）产品成本核算应体现产品成本管理的需要。

企业产品成本核算通常具有对内部和外部报告的双重目标，作为会计信息系统中的一个子系统，确认、计量和报告有关产品成本的多项信息，同时为编制对外财务报告和为企业内部管理者决策提供资料。企业内部管理者通常需要根据产品成本核算信息开展成本预测、成本决策、成本控制、成本考核及评价等管理活动。产品成本核算是成本管理的一项基础性工作，同时，成本管理又为产品成本核算的不断完善提供了方向和环境。

1.3.2　成本核算的主要账户

企业通过设置有关账户登记生产过程中发生的各种生产费用，以便提供各种产品成本信息资料。成本核算包括总分类核算和明细分类核算两个方面。因此，为了正确进行成本核算，工业企业必须设置相应的总分类账户和明细分类账户。

1. "生产成本"账户

"生产成本"账户属于成本类账户，是用来核算企业进行工业性生产，包括生产各种产品（如产成品、自制半成品）、自制材料、自制工具、自制设备等所发生的各项生产费用。该账户的借方登记生产过程中发生的直接材料、直接人工等直接费用及分配转入的制造费用，贷方登记完工入库的产成品、自制半成品的实际成本及分配转出的辅助生产费用。该账户期末余额在借方，表示尚未完工的各在产品成本。"生产成本"账户应当设置"基本生产成本"和"辅助生产成本"两个明细分类账户进行明细核算。

2. "制造费用"账户

"制造费用"账户属于成本类账户，是用来核算企业生产车间、部门为生产产品和提供劳务费而发生的各项间接生产费用，如生产车间发生的机物料消耗、车间管理人员工资、计提的固定资产折旧、修理费、办公费、水电费、季节性停工损失等。该账户的借方登记实际发生的制造费用，贷方登记分配转到各成本核算对象的制造费用。除季节性生产企业或采用累计分配率分配制造费用的企业外，本账户月末应无余额。"制造费用"账户应按不同的车间、部门设置明细分类账户，并按费用项目设置专栏，进行明细核算。

3. "长期待摊费用"账户

"长期待摊费用"账户是资产类账户，是用来核算企业已经发生但应由本期和以后各期负担的分摊期限在一年以上的各项费用，如以经营租赁方式租入的固定资产发生的改良支出等。该账户的借方登记发生的各项长期待摊费用，贷方登记摊销的长期待摊费用。该账户期末余额在借方，表示企业尚未摊销完毕的长期待摊费用。"长期待摊费用"账户应按费用项目设置明细分类账户，并进行明细核算。

4. "废品损失"账户

需要单独核算废品损失的企业，可以设置"废品损失"账户，以汇集和分配基本生产车间所发生的废品损失。该账户的借方登记不可修复废品的生产成本和可修复废品的修复费用，贷方登记废品回收的价值、应收的赔款及转出的废品净损失。该账户月末应无余额。"废品损失"账户下应按生产车间设置明细分类账，账内按产品品种分设专户，并按成本项目设置专栏或专行以进行明细核算。

5. "停工损失"账户

需要单独核算停工损失的企业，可以设置"停工损失"账户，以汇集和分配基本生产车间因停工而发生的各种费用。该账户的借方登记停工期内所支付的生产工人薪酬、所消耗的燃料和动力费及应负担的制造费用等损失，贷方登记予以转销的停工损失。该账户转销后应无余额。"停工损失"账户下应按生产车间设置明细分类账，账内按产品品种分设专户，并按成本项目设置专栏或专行以进行明细核算。

6. "销售费用"账户

"销售费用"账户是损益类账户，用来核算企业在销售产品、提供劳务过程中发生的各种费用，包括保险费、包装费、展览和广告费、产品维修费、预计产品质量保证损失、运输费、装卸费等，以及为销售本企业产品而专设的销售机构（含销售网点、售后服务网点等）的职工薪酬、业务费、折旧费等经营费用。该账户的借方登记企业发生的各种销售费用，贷方登记期末转入"本年利润"账户的销售费用。结转后本账户应无余额。"销售费用"账户应按费用项目设置明细分类账户，并进行明细核算。

7. "管理费用"账户

"管理费用"账户是损益类账户，用来核算企业为组织和管理生产经营所发生的管理费用，包括企业在筹建期间内发生的开办费、董事会和行政管理部门在企业的经营管理中发生的或应由企业统一负担的公司经费（包括行政管理部门职工薪酬、物料消耗、低值易耗品摊销、办公费、差旅费等）、工会经费、董事会费、聘请中介机构费、咨询费、诉讼费、业务招待费、技术转让费、矿产资源补偿费、研究费、排污费等。该账户的借方登记企业发生的各种管理费用，贷方登记期末转入"本年利润"账户的管理费用。结转后该账户应无余额。"管理费用"账户应按费用项目设置明细分类账户，并进行明细核算。

8. "财务费用"账户

"财务费用"账户是损益类账户，用来核算企业为筹集生产经营所需资金等而发生的筹资费用，包括利息支出（减利息收入）、汇兑损益，以及相关的手续费、企业发生的现金折扣或收到的现金折扣等。该账户的借方登记企业发生的各种财务费用，贷方登记期末转入"本年利润"账户的财务费用。结转后该账户应无余额。"财务费用"账户应按费用项目设置明细分类，并进行明细核算。

1.3.3 成本核算的一般程序

成本核算的一般程序是指对企业在生产经营过程中发生的各项生产费用和期间费用，按照成本核算的要求，逐步进行归集和分配，最后计算出各种产品的生产成本和各项期间费用的基本过程。成本核算主要分为以下步骤。

1. 严格审核和控制企业的各项支出

对企业发生的各项生产费用支出，应根据国家、上级主管部门和该企业的有关制度、规定进行严格审核，以便对不符合制度和规定的费用，以及各种浪费、损失等加以制止或追究经济责任。

2. 确定成本计算对象、成本项目及成本计算期，并开设成本明细账

应根据企业生产类型的特点和对成本管理的要求，确定成本计算对象和成本项目，并根据确定的成本计算对象开设成本明细账。

3. 要素费用的归集与分配

对发生的各项要素费用进行汇总，编制各种要素费用分配表，按其用途分配记入有关的成本明细账。

4. 综合费用的归集与分配

对记入"制造费用"、"生产成本——辅助生产成本"和"废品损失"等账户的综合费用，月终采用一定的分配方法进行分配。

5. 生产费用在完工产品与在产品间的分配

期末要将产品成本明细账所归集的生产费用按一定的方法在完工产品和月末在产品之间进行

分配，从而计算出完工产品成本和月末在产品成本。

6. 计算完工产品的总成本和单位成本

产品成本明细账中，利用品种法和分批法计算出的完工产品成本即为产品的总成本；如利用分步法下，则需根据各生产步骤成本明细账进行顺序逐步结转或平行汇总，才能计算出产品的总成本。以产品的总成本除以产品的数量，就可以计算出产品的单位成本。

1.4 掌握企业生产类型与成本核算方法

cfo 告诉你

> 在产品成本计算工作中有不同的成本计算对象，如产品品种、产品批别和产品生产步骤，由此产生了不同的成本核算方法，如品种法、分批法和分步法。

关键术语

单步骤生产
多步骤生产
品种法
分批法
分步法
分类法
定额法
标准成本法

1.4.1 企业生产类型

企业生产类型是指企业依据其产品的特点、生产计划或销售方式等企业自身的特点，所确立的一种或几种生产的方式。

各个工业企业在产品结构、生产方法、设备条件、生产规模、专业化程度、工人技术水平以及其他各个方面，都具有各自不同的生产特点。这些特点反映在生产工艺、设备、生产组织形式、计划工作等各个方面，对企业的技术经济指标有很大影响。因此，各个企业应根据自己的特点，从实际出发，建立相应的生产管理体制。因此，有必要对企业进行生产类型的划分。

1. 按生产方法划分

（1）合成型：将不同的成分（零件）合成或装配成一种产品，即加工装配性质的生产，如机械制造厂、纺织厂等。

（2）分解型：原材料经加工处理后分解成多种产品，即化工性质的生产，如炼油厂、焦化厂等。

（3）调解型：通过改变加工对象的形状或性能而制成产品的生产，如钢铁厂、橡胶厂等。

（4）提取型：从地下、海洋中提取产品的生产，如煤矿、油田等。

一个企业的生产过程可能采用多种生产方法，上述几种生产类型可以同时并存。例如，机械制造企业属于合成型，但兼有调解型。

2. 按生产计划的来源划分

（1）订货生产方式。

订货生产方式是指根据用户提出的具体订货要求后，才开始组织生产，进行设计、供应、制造、出厂等工作。生产出来的成品在品种规格、数量、质量和交货期等方面是各不相同的，并按合同规定按时向用户交货，成品库存很少。因此，生产管理的重点是抓"交货期"，按"期"组织生产过程各环节的衔接平衡，保证如期实现。

（2）存货生产方式。

存货生产方式是指在对市场需要量进行预测的基础上，有计划地进行生产，产品有一定的库存。为防止库存积压或脱销，生产管理的重点是抓供、产、销之间的衔接，按"量"组织生产过程各环节之间的平衡，保证全面完成计划任务。

3. 按生产的连续程度划分

（1）连续生产。

连续生产是指长时间连续不断地生产一种或很少几种产品。生产的产品、工艺流程和使用的生产设备都是固定的、标准化的，工序之间没有在制品储存。例如，油田的采油作业等。

（2）间断生产。

间断生产是指间断性地投入输入生产过程的各种要素。生产设备和运输装置必须适合各种产品加工的需要，工序之间要求有一定的在品库存。例如，机床制造厂、机车制造厂、轻工机械厂等。

4. 按产品品种和产品产量划分

按产品品种和产品产量来划分又称按工作地的专业化程度划分生产类型。在通常情况下，企业生产的产品产量越大，产品的品种则越少，生产专业化程度也越高，而生产的稳定性和重复性也就越大。反之，企业生产的产品产量越小，产品的品种则越多，生产专业化程度越低，而生产稳定性和重复性也越小。由此可见，决定生产类型的产品品种、产品产量和专业化程度有着内在的联系，并由此而对企业技术、组织和经济产生不同的影响和要求。

5. 按品种生产量角度划分

按品种生产量角度划分生产类型，可以分为少品种大量生产、中量（成批）生产和多品种少生产。而在成批生产中，又可划分为大批生产、中批生产和小批生产。由于大批和大量生产特点相近，单件和小批生产特点相近，所以在实际工作中，通常分为大量大批生产、成批生产和单件小批生产。在一般情况下，大批大量生产具有生产稳定、效率高、成本低、管理工作简单等特点。但也存在着投资大（如专用夹具和专用机械设备的配备）、适应性差和灵活性差等特点，这样会给产品更新换代带来巨大损失。单件小批生产，由于作业现场不断变换品种，作业准备改变频繁，所以会造成生产能力利用率低（如人和机器设备的闲置等待），从而导致生产稳定性差、效率低、成本高、管理工作复杂等。因此，必须尽力做好作业准备、作业分配、作业进度计划和进度调整等工作。中批生产特点介于上述二者之间。

1.4.2 生产特点和管理要求对计算产品成本的影响

1. 确定产品成本计算方法的原则

产品成本是由产品生产过程中企业各生产单位（如车间、分厂）所发生的生产耗费形成的。因此，产品成本计算方法与企业各生产单位的工艺技术过程和生产组织有着紧密的联系。会计是旨在提高企业经济效益的一种管理活动，而成本计算又是会计核算方法之一。因此，产品成本计算必须满足企业管理的要求。这就是说，确定产品成本计算方法的原则是：必须从企业不同性质的生产类型出发，充分考虑各种类型生产经营的特点和成本管理的要求。

企业应当根据自身的经营特点和管理要求，确定适合本企业的成本计算对象、成本项目和成本计算方法。按照《企业会计准则》关于"企业提供的会计信息应当具有可比性"的要求，成本计算对象、成本项目及成本计算方法一经确定，不得随意变更。如果确需变更，则应当根据管理权限，经股东大会或董事会，或者经理（厂长）会议或类似机构批准，并在会计报表附注中予以说明。

2. 生产特点和管理要求对产品成本计算的影响

确定产品成本计算方法的主要因素包括成本计算对象、成本计算期及生产费用在完工产品与在产品之间的分配。上述三个因素相互联系、相互影响。同时，生产类型对成本计算对象的影响也是很主要的。不同的成本计算对象决定了不同的成本计算期和生产费用在完工产品与在产品之间的分配。

（1）对成本计算对象的影响。

成本计算对象的确定，是设置产品成本明细账、归集生产耗费和支出、计算产品成本的前提，是构成成本计算方法的主要标志，因而也是区别各种成本计算基本方法的主要标志。

对于单步骤生产或在管理上不要求分步骤计算成本的多步骤生产，通常将产品的品种或产品的批别作为成本计算对象。对于在管理上要求分步骤计算成本的多步骤生产，应将产品的品种及其所经过的生产步骤作为成本计算对象。从生产组织的特点看，大量大批生产的成本计算对象既可以是产品品种，也可以是产品品种及其所经过的生产步骤。小批单件生产的成本计算对象通常是产品批别。

综上所述，在产品成本计算工作中有三种不同的成本计算对象，即产品品种、产品批别和产品生产步骤。

（2）对产品成本计算期的影响。

产品成本计算既包括完工产品成本的计算，也包括在产品成本的计算。一般情况下，企业都是定期在每月月末进行产品成本计算的。但在不同生产类型的企业中也不完全一样，这主要决定于生产组织的特点。在大量大批生产中，由于生产活动连续不断地进行，月末一般都有完工产品和未完工的在产品，因而产品成本计算都是定期于每月月末进行，而且与产品的生产周期不相一致。但在小批单件生产中，每月月末不一定都有产品完工，完工产品成本有可能在某批或某件产品完工后再计算，因此完工产品的成本计算是不定期的，但与生产周期相一致。在这类企业中，有的采用更简化的方法，即只在有产品完工的月份才对完工产品进行成本计算，而对未完工的在产品，只以总数反映在基本生产成本二级账中，而不分配产品计算在产品成本。

（3）对完工产品与在产品之间成本分配的影响。

生产类型的特点还影响到月末在进行产品成本计算时有没有在产品，是否需要在完工产品与在产品之间分配成本的问题。在单步骤生产中，生产过程不能间断，生产周期也短，一般没有在产品，或者在产品数量很少，因而计算产品成本时，发生的生产费用不必在完工产品与在产品之间进行分配。在多步骤生产中，是否需要在完工产品与在产品之间分配成本，在很大程度上取决于生产组织的特点。在大量大批生产中，由于生产连续不断地进行，而且经常存在在产品，因而在计算产品成本时，就需要采用适当的方法，将生产成本在完工产品与在产品之间进行分配。在小批单件生产中，在每批、每件产品完工前，产品成本明细账中所归集的生产成本就是在产品的成本；完工后，其所归集的生产成本就是完工产品的成本，因而不存在在完工产品与在产品之间分配生产成本的问题。

1.4.3　产品成本计算的基本方法和辅助方法

1. 产品成本计算的基本方法

为了适应不同类型生产特点和成本管理要求，在产品成本计算工作中有三种不同的成本计算对象：产品品种、产品批别和产品生产步骤。因此，产品成本计算的基本方法有三种。

（1）品种法。

以产品品种作为成本计算对象的产品成本计算方法称为品种法。品种法的成本计算期一般与会计报告期一致，但与生产周期不一致。品种法主要适用于大量大批的单步骤生产企业，如发电、采掘等；在大量大批的多步骤生产的企业中，如果企业规模较小，而且管理上又不要求提供各步骤的成本资料时，也可以采用品种法计算产品成本，如水泥厂；企业的辅助生产车间也可以采用品种法计算产品成本。

（2）分批法。

以产品批别作为成本计算对象的产品成本计算方法称为分批法。采用分批法时，由于成本计算对象是产品的批别，只有在该批产品全部完工后，才能计算其实际总成本和单位成本，因此分批法的成本计算期是不定期的，与产品周期一致，一般不需要在完工产品和期末在产品之间分配生产费用。分批法一般适用于单件小批生产类型的企业，主要包括：

① 单件小批生产的重型机械、船舶、精密工具、仪器等制造企业；

② 不断更新产品种类的时装等制造企业；

③ 新产品的试制、机器设备的修理作业，以及辅助生产的工具、器具、模具的制造等，也可采用分批法计算成本。

（3）分步法。

以产品生产步骤作为成本计算对象的产品成本计算方法称为分步法。采用分步法的多步骤生产企业，不可能等到全部产品完工后再计算产品成本，只能定期按月计算产品成本，成本计算期与会计报告期一致，但与生产周期不一致。分步法适用于连续、大量、多步骤生产的工业企业，如冶金、水泥、纺织、酿酒、砖瓦等企业。这些企业从原材料投入到产品完工，要经过若干连续的生产步骤，除最后一个步骤生产的是产成品外，其他步骤生产的都是完工程度不同的半成品。这些半成品除少数可能出售外，其他的都是下一步骤加工的对象。

这三种方法之所以归属为产品成本计算的基本方法，是因为这三种方法与不同生产类型的特点和管理的要求有直接联系，而且都是以其成本计算对象命名的，是计算产品实际成本必不可少的方法。在这三种方法中，无论采用哪种方法计算产品成本，最后都必须计算出各种产品的实际总成本和单位成本。按照产品品种计算产品生产成本，是产品成本计算的最一般、最起码的要求。

三种产品成本计算的基本方法的适用范围如表 1-1 所示。

表 1-1　产品成本计算的基本方法

产品成本计算的基本方法	成本计算对象	生产类型		
		生产组织特点	生产工艺特点	成本管理
品种法	产品品种	大量大批生产	单步骤生产 多步骤生产	不要求分步计算成本
分批法	产品批别	单件小批生产	单步骤生产 多步骤生产	不要求分步计算成本
分步法	生产步骤	大量大批生产	多步骤生产	要求分步计算成本

2. 产品成本计算的辅助方法

在实际工作中，除上述三种产品成本计算的基本方法外，为了解决某些特定问题又产生了一些产品成本计算的辅助方法。

（1）分类法。

在产品品种、规格繁多的企业中，如针织厂、灯泡厂等，为了解决成本计算对象的分类问题，产生了产品成本计算的分类法。分类法的成本计算对象是产品的类别，它需要首先运用品种法的原理计算各类产品的实际总成本，然后再计算各类内产品的实际总成本和单位成本。因此，分类法实际上是品种法的进一步应用，是品种法的辅助方法。

（2）定额法。

在定额管理工作基础好的工业企业中，为了配合和加强定额管理，加强成本控制，更有效地发挥成本计算的分析性和监督性作用，还应采用将符合定额的成本和脱离定额的成本差异分别核算的产品成本计算方法——定额法。定额法往往要将上述三个基本方法结合起来应用，而且与生产类型的特点没有直接联系。定额法不涉及成本计算对象，只是为了加强成本管理，只要条件具备，在任何生产类型企业都可以采用。因此，可将定额法归属于产品成本计算的辅助方法。

（3）标准成本法。

标准成本法是以预先制定的标准成本作为基础，用标准成本与实际成本进行比较，核算和分析成本差异的产品成本计算方法，也是加强成本控制、评价经济业绩的一种成本控制制度。它的核心是按标准成本记录和反映产品成本的形成过程和结果，并借以实现对成本的控制。标准成本法适用于标准管理水平较高而且产品的成本标准比较准确、稳定的企业。我国工业企业的产品成本不能采用标准成本法计算，如果平时按标准成本计算，则月末必须调整为实际成本。

需要指出的是，产品成本计算的基本方法和辅助方法的划分，是从计算产品实际成本角度考虑的，并不是说辅助方法不重要。相反，有的辅助方法如定额法，对于控制生产耗费、降低产品成本具有重要作用。同样，分类法对于品种繁多的企业可以起到简化产品成本计算工作的作用。

此外，在某些管理基础非常好的企业，为了向企业的决策人提供短期生产经营决策数据，应采用只计算产品的变动成本，而将固定成本直接计入当期损益的变动成本法；为了加强企业内部成本控制和分析，应采用只计算产品的标准成本，而将实际成本与标准成本的差异直接计入当期损益的标准成本法；为了改变将间接计入费用分配到各种产品的标准，提高产品成本计算的正确性，应采用作业成本法。这些方法都是为了某种目的而采用的产品成本计算方法，不受企业生产类型特点的制约，只要具备条件，在任何企业都能应用，因而同分类法和定额法一样，也应归属于成本计算的辅助方法。

费用的归集与分配

成本核算主要有两大步骤：一是费用的归集和分配，二是完工产品和在产品之间的费用分配。

费用的归集和分配解决的是费用计入哪个成本对象的问题，完工产品和在产品之间的费用分配解决的是生产过程结束的核算问题。

本项目架构

- ☑ 各项要素费用的归集与分配
- ☑ 材料费用的归集与分配
- ☑ 外购动力费用的归集与分配
- ☑ 职工薪酬的归集与分配
- ☑ 辅助生产车间费用的归集与分配
- ☑ 制造费用的归集与分配
- ☑ 废品损失和停工损失的核算
- ☑ 生产费用在完工产品和月末在产品之间分配

2.1 各项要素费用的归集与分配

cfo 告诉你

财务人员应当了解费用的构成，科学地设置成本项目，对成本进行归集和分配，掌握成本归集和分配的方法。

关键术语

外购材料
外购燃料
职工薪酬
利息支出
税费

2.1.1 要素费用及其分类

工业企业在生产经营过程中的耗费是多种多样的，科学地进行成本管理，正确计算产品成本和期间费用，首先需要对种类繁多的费用进行合理分类。费用可以按不同的标准分类，其中最基本的是按费用的经济内容和经济用途分类。

1. 费用按经济内容分类

企业的生产经营过程，也是物化劳动（劳动对象和劳动手段）和活劳动的耗费过程，因而生产经营过程中发生的费用，按其经济内容分类，可划归为劳动对象方面的费用、劳动手段方面的费用和活劳动方面的费用三类。这三类可以称为费用的三大要素。为了具体反映各种费用的构成和水平，还应在此基础上，将其进一步划分为以下八个费用要素。费用要素就是费用按经济内容分类。

（1）外购材料：企业为进行生产经营而消耗的一切从外单位购进的原料及主要材料、半成品、辅助材料、包装物、修理用备件和低值易耗品等。

（2）外购燃料：企业为进行生产经营而消耗的一切从外单位购进的各种固体、液体和气体燃料。

（3）外购动力：企业为进行生产经营而消耗的一切从外单位购进的各种动力。

（4）职工薪酬：企业为进行生产经营而发生的各种职工薪酬。

（5）折旧费：企业按照规定的固定资产折旧方法，计算提取的生产经营所用的固定资产的折旧费用。

（6）利息支出：企业应计入财务费用的借入款项的利息支出减利息收入后的净额。

（7）税费：应计入企业管理费用的各种税费，如房产税、车船税、城镇土地使用税、印花税等。

（8）其他支出：不属于以上各要素但应计入产品成本或期间费用的费用支出，如差旅费、租赁费、外部加工费及保险费等。

按照以上费用要素反映的费用，称为要素费用。将费用划分为若干要素分类核算的作用如下。

① 可以反映企业一定时期内，在生产经营中发生了哪些费用，数额各是多少，据以分析企业各个时期各种费用的构成和水平。

② 这种分类反映了企业生产经营中外购材料、外购燃料费用，以及职工工资的实际支出，因而可以为企业核定储备资金定额、考核储备资金的周转速度，以及编制材料采购资金计划和劳动工资计划提供资料。

但是，费用按经济内容分类时，只能说明企业生产经营过程中发生了哪些方面的费用，以及发生了多少费用，不能说明各项费用的具体用途；不利于分析各种费用的支出是否节约、合理。为了分清费用的具体用途，以及计算产品成本和期间费用，以便为成本管理提供详细的信息，还必须将费用按照其经济用途进行分类。

2. 费用按经济用途分类

工业企业在生产经营中发生的费用，按照经济用途可以分为计入产品成本的生产费用和直接计入当期损益的期间费用两类。

（1）生产费用按经济用途分类。

为具体反映计入产品成本的生产费用的各种用途，提供产品成本构成情况的资料，还应将其进一步划分为若干个项目，即产品生产成本项目（简称"产品成本项目"或"成本项目"），这是生产费用按其经济用途分类核算的项目。工业企业一般应设置以下几个成本项目。

① 直接材料：直接用于产品生产，构成产品组成部分或劳务主要耗费的原料及主要材料、辅助材料、外购半成品等，不包括生产单位组织管理过程中间接消耗的原材料、辅助材料等。

② 直接人工：直接从事产品生产的人员的各种职工薪酬，不包括车间管理人员的薪酬。

③ 直接燃料和动力：生产工艺过程中直接用于产品生产的各种燃料和动力，不包括生产单位一般消耗的燃料和动力。本项目是否单独设置本项目取决于产品、劳务成本中燃料、动力比例的大小。

④ 制造费用：间接用于产品生产的各项费用，以及虽直接用于产品生产，但不便直接计入产品成本，因而没有专设成本项目的费用（如机器设备的折旧费用）。制造费用包括企业内部生产单位（如分厂、车间）的管理人员的工资、固定资产折旧费、租赁费（不包括融资租赁费）、机物料消耗、低值易耗品摊销、取暖费、水电费、办公费、运输费、保险费、设计制图费、试验

检验费、劳动保护费、季节性或修理期间的停工损失，以及其他制造费用。从具体范围看，制造费用应是企业生产单位前述各成本项目之外的耗费。各企业设置的成本项目存在差异时，其制造费用的核算范围相应有所不同。

企业可根据自身实际情况增设相关的成本项目，如废品损失和停工损失。

① 废品损失：生产原因形成废品所导致的、应由生产的合格品承担的净损失，不包括过失人赔偿的部分和废品报废收回的残料价值。本项目是否单独设置取决于废品率的高低及产品质量稳定程度等因素。

② 停工损失：因生产单位停工而导致的、应由非停工期间生产的产品承担的净损失，不包括过失人、责任单位赔偿的部分及自然灾害导致停工的损失。本项目是否单独设置取决于停工次数的多少和停工时间的长短等因素。

企业可根据生产特点和管理要求对上述成本项目做适当调整。设置或调整产品成本项目时，应考虑的主要因素如下。

① 管理上是否具有单独反映、控制和考核的需要。例如，采用分步法计算产品成本且半成品需要入库管理的企业，应增设"自制半成品"项目。

② 费用在产品成本中比重的大小。例如，如果废品损失在产品成本中所占比例较大，在管理上需要对其进行重点控制和考核，则应单设"废品损失"成本项目。又如，如果工艺上消耗的燃料和动力不多，为了简化核算，可将其中的工艺用燃料费用并入"直接材料"成本项目，将其中的工艺用动力费用并入"制造费用"成本项目。

这种分类方法的优点主要表现在：能够明确地反映产品成本中各种生产耗费的水平与构成，从而有利于加强成本监督、成本控制、成本分析和考核。

（2）期间费用按经济用途的分类。

直接计入当期损益的费用，即期间化的费用，一般称为期间费用或期间成本。根据管理和对外报告的需要，期间费用也应按照经济用途分类，进一步分为管理费用、销售费用和财务费用。

① 管理费用：企业组织和管理企业生产经营所发生的费用，包括企业在筹建期间发生的开办费、董事会和行政管理部门在企业的经营管理中发生的，或者应由企业统一负担的公司经费（包括行政管理部门职工薪酬、物料消耗、低值易耗品摊销、办公费和差旅费等）、工会经费、董事会费、聘请中介机构费、咨询费、诉讼费、业务招待费、房产税、车船税、城镇土地使用税、印花税、技术转让费、矿产资源补偿费、研究费用、排污费，以及企业生产车间和行政管理部门等发生的固定资产修理等后续支出。

② 销售费用：企业销售商品和材料、提供劳务过程中发生的各项耗费，以及专设销售机构的各项经费。销售费用主要包括保险费、包装费、展览费、广告费、预计产品质量保证损失、运输费、装卸费等，以及为销售本企业商品而专设的销售机构（含销售网点、售后服务网点等）的职工薪酬、业务费、固定资产折旧费、修理费等经营耗费。

③ 财务费用：企业为筹集生产经营所需资金等而发生的筹资支出，包括利息支出（减利息收入）、汇兑损益，以及相关手续费、企业发生的现金折扣和收到的现金折扣。

3. 生产费用的其他分类

（1）按计入产品成本的方法分类。

生产费用按计入产品成本的方法，可以分为直接计入费用和间接计入费用。

直接计入费用，一般称为直接费用，是指可以分清哪种产品所消耗、可以直接计入某种产品成本的费用。

间接计入费用是指不能分清哪种产品所消耗、不能直接计入某种产品成本，而必须按照一定的标准分配计入有关产品成本的费用。

（2）按与生产工艺的关系分类。

生产费用按其与生产工艺的关系，可以分为直接生产费用和间接生产费用。直接生产费用是指由于生产工艺本身引起的、直接用于产品生产的各项费用，如原材料费用、生产工人工资和机器设备折旧费等。

间接生产费用是指与生产工艺没有联系，间接用于产品生产的各项费用，如机物料消耗、辅助工人工资和车间厂房折旧等。

生产费用既可按与生产工艺的关系分类，也可按计入产品成本的方法分类，这两种分类方法既有区别又有联系。它们之间的联系表现在：直接生产费用在多数情况下就是直接计入费用；间接生产费用在多数情况下就是间接计入费用。但它们毕竟是对生产费用的两种不同分类，直接生产费用与直接计入费用、间接生产费用与间接计入费用不能等同。例如，在只生产一种产品的产品生产企业（或车间）中，直接生产费用和间接生产费用都可以直接计入这种产品的成本，因而，均属于直接计入费用；又如，在用同一种原材料、同时生产出几种产品的产品生产企业（或车间）中，直接生产费用和间接生产费用都需要按照一定标准分配计入相关的各种产品成本，因而均属于间接计入费用。

2.1.2 要素费用归集与分配概述

在发生各种要素费用如材料、动力、工资等费用时，对于直接用于产品生产而且专设成本项目的直接生产费用，如构成产品实体的原材料费用、工艺用燃料或动力费用，应单独记入"生产成本——基本生产成本"账户。如果是某一种产品的直接计入费用，还应直接计入该种产品成本明细账的"直接材料""燃料及动力""直接人工"等成本项目；如果是生产几种产品的间接计入费用，则应采用适当的分配方法，分别计入各自该种产品成本明细账的"直接材料""燃料及动力""直接人工"成本项目。

对于直接用于产品生产但没有专设成本项目的各项费用，如基本生产车间的机器设备的折旧费、修理费等，应首先记入"制造费用"总账账户及所属明细账有关的费用项目，然后通过一定的分配程序，转入或分配转入"生产成本——基本生产成本"账户及所属明细账"制造费用"成本项目。

间接计入费用的分配，应该选择适当的分配方法进行分配。所谓适当分配方法，是指分配依据的标准与分配对象有比较密切的联系，因而分配结果比较合理，而且分配标准的资料比较容易取得，计算比较简便。分配间接计入费用的标准主要有以下几种。

（1）成果类，如产品的重量、体积、产量、产值等。

（2）消耗类，如生产工时、生产工资、机器工时、原材料消耗量或原材料费用等。

（3）定额类，如定额消耗量、定额费用等。

（4）分配费用的计算公式概括为：

费用分配率＝待分配费用总额÷分配标准总量（额）×100％

某分配对象应分配的费用＝该对象的分配标准总量×费用分配率

对于直接或间接用于辅助生产的费用，应记入"生产成本——辅助生产成本"账户及所属明细账，或者分别记入"生产成本——辅助生产成本"账户、"制造费用"账户及所属明细账有关项目进行归集，然后将用于基本生产产品的辅助生产费用，通过一定的分配程序和分配方法，转入"生产成本——基本生产成本"账户和所属各种产品成本明细账的各个成本项目。这样，在"生产成本——基本生产成本"账户和所属各种产品成本明细账的各成本项目中就归集了本月基本生产各种产品发生（负担）的全部生产费用；再加上月初在产品费用，并将其在完工产品与月末在产品之间进行分配，即可计算出完工产品和月末在产品成本。

在生产经营过程中发生的期间费用不计入产品成本，而应分别记入"销售费用""管理费用""财务费用"总账账户及其所属明细账，然后转入"本年利润"账户，冲减当月损益。

各项要素费用的分配是通过编制各种费用分配表进行的，根据分配表编制会计分录，据以登记各种成本、费用总账账户及其所属明细账。

分配要素费用的一般步骤如下。

（1）明确分配对象和应分配的要素费用额。

所谓分配对象，是指承担要素费用的客体。将要素费用分配给谁，谁就是分配对象。例如，要将要素费用分配给甲产品，甲产品就是分配对象。工业企业要素费用的分配对象一般有某种产品、基本生产车间、辅助生产车间、行政管理部门、专设销售机构和专项工程部门等。其中，分配给专设销售机构的要素费用，计入"销售费用"账户；分配给专项工程部门的要素费用，计入"在建工程"账户。这两项要素费用在产品成本计算中出现得较少，所以，在本书的要素费用分配举例中，省略了这两个分配对象。明确应分配的要素费用额，就是确定对哪个具体的要素费用额进行分配。

【情景 2-1】把支付的甲材料 5 000 千克和乙材料 6 000 千克的共同运费 3 000 元分配给甲、乙材料，其中甲材料和乙材料就是分配对象，共同运费 3 000 元就是应分配的要素费用额。

（2）确定分配标准。

分配标准是各个分配对象应分配多少要素费用的依据。分配标准的选择，是决定分配结果是否准确、合理的关键。适当的分配标准是指选择的分配标准与要分配的要素费用有比较密切的联系（呈正比关系），而且分配标准的资料比较容易取得，计算方法比较简便。要素费用的分配标准通常可以选择产品的重量、产值、生产工时、机器工时，以及材料实际消耗量（额）或定额消耗量（额）等。

（3）计算分配率。

分配率也就是单位分配标准应分配的要素费用额。其计算公式为：

$$分配率 = \frac{应分配的要素费用额}{各种分配对象的分配标准合计}$$

（4）计算分配结果的公式如下。

$$某分配对象的应分配额 = 该分配对象的分配标准 \times 分配率$$

【情景 2-2】假定应分配的某种要素费用额为 100 000 元，确定的分配对象和分配标准为 A 产品 50 000 元、B 产品 45 000 元、基本生产车间 25 000 元、辅助生产车间 10 000 元、行政管理部门 5 000 元。则：

$$分配率 = \frac{100\ 000}{50\ 000+45\ 000+25\ 000+10\ 000+5\ 000} = 0.74$$

B 产品应分配的某种要素费用额 =45 000×0.74=33 300（元）

基本生产车间应分配的某种要素费用额 =25 000×0.74=18 500（元）

辅助生产车间应分配的某种要素费用额 =10 000×0.74=7 400（元）

行政管理部门应分配的某种要素费用额 =5 000×0.74=3 700（元）

在计算分配结果时有一点需要注意，那就是当分配率取近似值时，分配结果会出现误差，分配金额合计可能不等于原来要分配的要素费用额。为了尽可能地减少误差对分配结果合理性的影响，应将误差计入分配标准大的分配对象。本例中，分配率是近似值，那么，分配对象 A 产品应分配金额的计算方法是：

A 产品应分配的某种要素费用额 =100 000 −（33 300+18 500+7 400+3 700）=37 100（元）

根据上述资料编制的"要素费用分配表"如表 2-1 所示。

表 2-1　要素费用分配表

2018 年 8 月 30 日　　　　　　　　　　　　　　　　单位：元

分配对象	分配标准	分 配 率	分配金额
A 产品	50 000	—	37 100.00
B 产品	45 000	—	33 300.00
基本生产车间	25 000	—	18 500.00
辅助生产车间	10 000	—	7 400.00
行政管理部门	5 000	—	3 700.00
合　计	135 000	0.74	100 000.00

要素费用包括许多种，各种要素费用的分配标准有所不同，但其分配的基本步骤和思路都是一致的。上述要素费用分配的一般步骤适用于下面各种要素费用分配。

2.2 材料费用的归集与分配

cfo 告诉你

凡能分清某一成本计算对象材料消耗的，应当单独列示；属于几个成本计算对象共同消耗的材料，应当选择适当的分配方法，分别计入有关成本计算对象的原材料项目。

关
键 重量分配法
定额消耗量比例分配法
术 定额费用额比率法
语 标准品产量比例分配法

2.2.1 材料费用收发的计量与原始记录

企业应当建立、健全原始记录和计量验收制度，严格规范材料收入和发出的凭证手续，保证材料消耗数量的真实性。工业企业材料费用通过原材料仓库收发，购入材料费用验收入库时，填制"材料入库单"，财务人员根据"材料入库单"借记"原材料"账户。各生产单位、部门需用材料费用时，填制发料凭证从材料仓库领取，这些发料凭证有"领料单"、"限额领料单"和"领料登记表"等。为了正确计算本期材料的实际消耗量，企业在期末对生产单位已领未用的材料，应当填制"退料单"，办理退料手续或假退料手续并从当月领用数量中扣除。"退料单"也是记录材料消耗数量的原始凭证。期末，应当根据全部领料凭证（包括用于抵减领料数的退料凭证）汇总编制"材料消耗额分配表"。该表应当按照领料用途和材料类别分别汇总，凡能分清某一成本计算对象的材料消耗的，应当单独列示；属于几个成本计算对象共同消耗的材料，应当选择适当的分配方法，分别计入有关成本计算对象的原材料项目。

2.2.2　材料费用的分配方法

当两个或两个以上成本计算对象共同消耗同一种外购材料时，需要采用适当的方法在各成本计算对象之间进行分配。分配标准的选择可依据材料消耗与产品的关系，对于材料、燃料消耗量与产品重量、体积有关的，按其重量或体积分配，如以生铁为原材料生产各种铁铸件，应以生产的铁铸件的重量比例为分配依据；燃料也可以按照所消耗的原材料作为分配标准。动力一般按用电（或水）度（或吨）数，也可按产品的生产工时或机器工时进行分配。由于采用的分配标准不同，具体的分配方法也略有不同，但也都适用要素费用分配的一般步骤。

1. 重量分配法

重量分配法是以所生产的各种产品的重量为标准来分配外购材料消耗额的方法。如果企业生产的几种产品共同消耗同种外购材料，消耗量的多少与产品重量又有直接联系，可以选用重量分配法。重量分配法的计算公式如下：

$$材料分配率 = \frac{应分配的材料消耗额}{各种产品的重量合计}$$

$$某产品应分配的材料额 = 该产品总重量 \times 材料分配率$$

重量分配法的分配标准为产品重量。当所耗材料与产品的面积、体积、长度或产量更为密切时，则分配标准可以采用产品的面积、体积、长度或产量，分别称为面积分配法、体积分配法、长度分配法或产量分配法等。其计算公式与重量分配法类似。

【情景 2-3】华信食品股份有限公司 2018 年 9 月生产面包、蛋糕和蛋挞三种产品，本月三种产品共消耗特质面粉 1 200 千克，单价 10 元/千克，本月生产三种产品的净重量分别为 400 千克、500 千克和 260 千克。采用重量分配法，编制如表 2-2 所示"材料消耗额分配表"。

成本总额 =1 200×10=12 000（元）

材料分配率 =12 000÷（400+500+260）=10.34（元/千克）

面包分配金额 =10.34×400=4 136（元）

蛋糕分配金额 =10.34×500=5 170（元）

蛋挞分配金额 =12 000−4 136−5 170=2 694（元）

表 2-2　材料消耗额分配表

2018 年 9 月 30 日　　　　　　　　　　　　　　　　　　金额单位：元

产品名称	产品重量		分配率（元/千克）	分配金额
	单位	数量		
面包	千克	400		4 136.00
蛋糕	千克	500		5 170.00
蛋挞	千克	260		2 694.00
合　计		1 160	10.34	12 000.00

审核　李海洋　　　　　　　　　　　　　　　　　　　制表　王　涛

2. 定额消耗量比例分配法

定额消耗量比例分配法是以各种产品的材料定额消耗量为标准，来分配产品实际材料消耗额的方法。按定额消耗量比例分配实际材料消耗额时，其计算的步骤是：第一，计算各种产品的材料定额消耗量（即产品定额）；第二，计算单位产品的材料定额消耗量应分配的材料实际消耗量（即材料消耗量定额分配率，简称材料分配率）；第三，计算各种产品应分配的材料实际消耗量；第四，计算各种产品应分配的材料实际消耗额。计算公式为：

某种产品的材料定额消耗量 = 该种产品实际产量 × 该产品单位产品材料消耗量定额

材料消耗量定额分配率 = 材料实际总消耗量 ÷ 各种产品材料定额消耗量之和

某产品应分配的材料实际消耗量 = 该产品的材料定额消耗量 × 材料消耗定额分配率

某产品应分配的材料实际消耗额 = 该产品的材料实际消耗量 × 材料单价

【情景2-4】2018 年 9 月，华信食品股份有限公司生产面包、蛋糕和蛋挞。本月三种产品共同消耗鸡蛋 400 千克，实际平均单价为 10 元/千克；本月三种产品实际投产量分别为 400 箱、500 箱、260 箱，单位产品材料消耗量定额分别为 0.5 千克、0.6 千克、0.3 千克。

（1）计算产品定额：

面包 =0.5×400=200（千克）

蛋糕 =0.6×500=300（千克）

蛋挞 =0.3×260=78（千克）

（2）计算材料分配率：

材料分配率 =400÷（200+300+78）=0.69

（3）各种材料的实际消耗量：

面包 =0.69×200=138（千克）

蛋糕 =0.69×300=207（千克）

蛋挞 =0.69×78=53.82（千克）

（4）计算应分配材料的实际消耗额：

面包 =138×10=1 380（元）

蛋糕 =207×10=2 070（元）

蛋挞 =400×10−1 380−2 070=550（元）

根据上述资料编制的"材料分配额消耗表"，如表 2-3 所示。

表 2-3 材料分配额消耗表

2018 年 9 月 30 日   金额单位：元

产品名称	投产量（箱）	单位产品材料消耗量定额（千克）	分配率	各种材料的实际消耗量（千克）	材料实际单价	应分配材料的实际消耗额（千克）
面包	400	0.5		138.00	10.00	1 380.00
蛋糕	500	0.6		207.00	10.00	2 070.00
蛋挞	260	0.3		53.82	10.00	550.00
合 计			0.69			4 000.00

审核 李海洋   制表 王 涛

这种分配方法的优点是不仅能准确地分配各种产品应分配的实际材料消耗额，而且能为考核各种产品的材料定额消耗量完成情况提供资料。如上例中三种产品的实际消耗量都小于其各自的材料定额消耗量，说明三种产品都没有完成材料消耗定额，都未出现超支，是节约的。这种分配方法有利于加强材料消耗的实物管理，但分配计算的工作量较大。

为了简便计算，也可以直接分配各种产品共同消耗的材料实际消耗额。分配的步骤是：第一，计算各种产品材料的定额消耗量；第二，计算单位产品材料定额消耗量应分配的材料实际消耗额（即材料分配率 $=\dfrac{\text{应分配的材料实际消耗额}}{\text{各种产品的材料定额消耗量}}$）；第三，计算出各种产品应分配的材料实际消耗额。

采用这种分配方法，根据【情景 2-4】的资料，计算过程如下：

（1）计算产品定额：

面包 =0.5×400=200（千克）

蛋糕 =0.6×500=300（千克）

蛋挞 =0.3×260=78（千克）

（2）计算材料分配率：

材料分配率 =10×400÷（200+300+78）=6.92（元/千克）

（3）各种材料的实际消耗量：

面包 =6.92×200=1 384（元）

蛋糕 =6.92×300=2 076（元）

蛋挞 =400×10-1 384-2 076=540（元）

根据上述资料编制的"材料分配额消耗表"，如表 2-4 所示。

表 2-4　材料分配额消耗表
2018 年 9 月 30 日
金额单位：元

产品名称	投产量（箱）	单位产品材料消耗量定额（千克）	各种产品的材料定额消耗量（千克）	分配率（元/千克）	应分配的材料实际消耗额
面包	400	0.5	200		1 384.00
蛋糕	500	0.6	300		2 076.00
蛋挞	260	0.3	78		540.00
合　计				6.92	4 000.00

审核　李海洋　　　　　　　　　　　　　　　　　　制表　王　涛

3. 定额消耗额比例分配法

在生产多种产品或多种产品共同消耗多种原材料的情况下，应采用定额消耗额比例法分配材料费用。定额消耗额比例分配法是以各种产品的材料定额消耗额为标准，来分配产品实际材料消耗额的方法。其计算分配的步骤是：第一，计算各种产品材料的定额消耗额；第二，计算单位产品的材料定额消耗额应分配材料实际消耗额（即分配率）；第三，计算各种产品应分配的材料实际消耗额。计算公式为：

某种产品某种材料定额费用 = 该种产品实际产量 × 单位产品该种材料费用定额

= 该种产品实际产量 × 单位产品该种材料消耗定额 × 该种材料的计划单价

材料费用分配率 = 各种产品各种材料实际费用总额 ÷ 各种产品各种材料定额费用之和

某种产品分配负担的材料费用 = 该种产品各种材料定额费用之和 × 材料费用分配率

【情景 2-5】华信食品股份有限公司 2018 年 9 月生产面包、蛋糕、蛋挞三种产品，共同消耗白砂糖、植物油两种辅助材料。白砂糖消耗 300 千克，单价为 8 元/千克；植物油消耗 80 千克，单价为 15 元/千克。材料定额费用表如表 2-5 所示。

表 2-5　材料定额费用表

产品名称	定额费用		产量（箱）
	定额	单位	
面包	6	元/千克	400
蛋糕	5	元/千克	500
蛋挞	4	元/千克	260

（1）辅助材料消耗总额：

白砂糖 = 8×300 = 2 400（元）

植物油 = 15×80 = 1 200（元）

（2）产品消耗定额：

面包 = 6×400 = 2 400（元）

蛋糕 = 5×500 = 2 500（元）

蛋挞 = 4×260 = 1 040（元）

根据上述计算结果编制的"材料消耗额分配表"如表 2-6 所示。

表 2-6　材料消耗额分配表

2018 年 9 月 30 日　　　　　　　　　　　　　　　　　　　　金额单位：元

产品名称	产品材料定额消耗额	分配率	应分配的材料实际消耗额
面包	2 400.00		1 464.00
蛋糕	2 500.00		1 525.00
蛋挞	1 040.00		611.00
合　计		0.61	3 600.00

审核　李海洋　　　　　　　　　　　　　　　　　　　　　制表　王　涛

4. 标准品产量比例分配法（系数分配法）

标准品产量比例分配法是将各种产品的实际产量按照预定的折合系数折算为标准品产量，以标准品产量（总系数）为分配标准来分配产品实际材料消耗额的方法。这种方法所使用的折合系数为单位产品系数，作为分配标准的标准品产量也称总系数，因此也将这种方法称为系数分配法。其计算分配的程序是：第一，选择标准产品；第二，计算各产品的折合系数；第三，计算标准品产量（总系数）；第四，计算材料分配率；第五，计算各种产品应分配的材料实际消耗额。计算要求和计算公式如下：

（1）选择标准产品。企业一般应当选择正常生产、大量生产的产品作为标准产品，也可以选择系列产品中规格型号居中的产品作为标准产品。

（2）计算各产品的折合系数。折合系数是某种产品与标准产品的比例关系。企业可以根据单位产品的消耗量定额、定额成本、售价以及产品的体积、面积、长度和重量等来计算各种产品的折合系数。标准产品的折合系数为1。其他产品折合系数的计算公式为：

$$某产品的折合系数 = \frac{该产品的消耗量定额（或定额成本、售价、重量等）}{标准产品的消耗量定额（或定额成本、售价、重量等）}$$

系数一经确定，在本年度内一般不再变动。

（3）计算标准品产量（总系数）：

$$某产品的标准产量（总系数）= 该产品本期实际产量 \times 该产品折合系数$$

（4）计算材料分配率：

$$材料分配率 = \frac{待分配的材料实际消耗额}{各种产品的标准产量（总系数）合计}$$

（5）计算各种产品应分配的材料实际消耗额：

$$某产品应分配的材料实际消耗额 = 该产品的标准品产量（总系数）\times 材料分配率$$

【情景2-6】2018年9月，华信食品股份有限公司生产面包、蛋糕、蛋挞三种产品，三种产品本月共消耗白砂糖2 400元；材料定额费用表如表2-7所示。采用标准产量比例分配法在面包、蛋糕、蛋挞三种产品之间分配其共同消耗的白砂糖。

表2-7　材料定额费用表

产品名称	定额费用		产量（箱）
	定额	单位	
面包	6	元/千克	400
蛋糕	5	元/千克	500
蛋挞	4	元/千克	260

（1）本例中该公司生产一个系列的三种产品，可以选用正常生产和大量生产，且规格居中的蛋糕为标准产品。蛋糕的系数为1。

（2）各种产品的折合系数如下：

面包 =6÷5=1.2

蛋糕 =5÷5=1

蛋挞 =4÷5=0.8

（3）各种产品的标准品产量（总系数）如下：

面包标准品产量 =400×1.2=480（箱）

蛋糕标准品产量 =500×1=500（箱）

蛋挞标准品产量 =260×0.8=208（箱）

（4）计算材料分配率：

材料分配率 =2 400÷（480+500+208）=2.02（元/千克）

（5）各种产品应分配的白砂糖实际消耗额如下：

面包应分配的材料实际消耗额 =480×2.02=969.6（元）

蛋糕应分配的材料实际消耗额 =500×2.02=1 010（元）

蛋挞应分配的材料实际消耗额 =2 400-969.6-1 010=420.4（元）

根据上述计算结果编制的"材料消耗额分配表"如表 2-8 所示。

表 2-8　材料消耗额分配表

2018 年 9 月 30 日

金额单位：元

产品名称	投产量（箱）	单位产品定额消耗量	各种产品折合系数	标准品产量（总系数）	分配率（元/千克）	应分配材料的实际消耗额
面包	400	6	1.2	480.00		969.20
蛋糕	500	5	1.0	500.00		1 010.00
蛋挞	260	4	0.8	208.00		420.40
合计				1 188	2.02	2 400.00

审核　李海洋　　　　　　　　　　　　　　　　　　　制表　王　涛

2.2.3　材料费用的账务处理

【情景 2-7】华信食品股份有限公司 2018 年 9 月 30 日，对本月的"领料单"进行汇总整理。其中：面包直接消耗特质面粉 410 千克，蛋糕直接消耗特质面粉 510 千克，面包、蛋糕共同消耗鸡蛋 345 千克（按定额消耗量比例分配，面包、蛋糕单位产品鸡蛋消耗量定额分别为 138 千克和 207 千克），辅助生产供气车间直接消耗特质面粉 60 千克，辅助生产运输车间直接消耗特质面粉 50 千克，基本生产车间一般消耗特质面粉 20 千克，行政管理部门一般消耗特质面粉 50 千克。本月生产面包 400 箱、蛋糕 500 箱。采用加权平均法确定的单价为：特质面粉 10 元/千克、鸡蛋 10元/千克。

根据上述资料汇总计算各分配对象的材料消耗额如下：

面包直接消耗特质面粉 =410×10=4 100（元）

蛋糕直接消耗特质面粉 =510×10=5 100（元）

供气车间直接消耗特质面粉 =60×10=600（元）

运输车间直接消耗特质面粉 =50×10=500（元）

基本生产车间一般消耗特质面粉 =20×10=200（元）

行政管理部门一般消耗特质面粉 =50×10=500（元）

面包、蛋糕共同消耗鸡蛋 =345×10=3 450（元）

根据上述计算结果编制的"材料消耗额分配表"如表 2-9 所示。

表 2-9　材料消耗额分配表

2018 年 9 月 30 日

金额单位：元

分配对象		投产量（箱）	共同消耗材料分配（鸡蛋）				直接消耗材料额（特质面粉）	材料消耗额合计
			单位消耗量定额（千克）	定额消耗量（千克）	分配率（元/千克）	分配金额		
基本生产	面包	400	0.5	200.00		1 380.00	4 100.00	5 480.00
	蛋糕	500	0.6	300.00		2 070.00	5 100.00	7 170.00
	小 计	900		500.00	6.90	3 450.00	9 200.00	12 650.00
辅助生产	供气车间						600.00	600.00
	运输车间						500.00	500.00
	小计						1 100.00	1 100.00
基本生产车间							200.00	200.00
行政管理部门							500.00	500.00
合 计						3 450.00	11 000.00	14 450.00

审核　李海洋　　　　　　　　　　　　　　　　　　　制表　王 涛

根据表 2-9 所示，编制会计分录如下：

借：生产成本——基本生产成本——面包　　　　5 480

　　　　——基本生产成本——蛋糕　　　　7 170

　　生产成本——辅助生产成本——供气车间　　600

　　　　——辅助生产成本——运输车间　　　　500

　　制造费用　　　　　　　　　　　　　　　　200

　　管理费用　　　　　　　　　　　　　　　　500

　　贷：原材料——特质面粉　　　　　　　　　　　3 450

　　　　——鸡蛋　　　　　　　　　　　　　　　11 000

　　再根据"材料消耗额分配表"和编制的转账凭证（会计分录代替）登记有关的总账和明细分类账。登记其"生产成本"明细分类账时计入"原材料"项目；登记其"制造费用"和"管理费用"明细分类账时计入"机物料消耗"项目。

　　上述原材料是按实际成本进行核算分配的。如果原材料是按计划成本进行核算分配的，上述原材料单价应采用计划单价，计入产品成本和期间费用的应是原材料的计划成本，同时还应该注意分配材料成本差异额。

2.3 外购动力费用的归集与分配

cfo 告诉你

动力包括外购和自制的电力、蒸汽等动力。外购动力是由企业外部有关单位提供的电力和蒸汽等。计入产品成本和期间费用中的外购动力费应是：按照当月有关电力和蒸汽等的计量仪表确认的实际消耗量，乘以合同或协议规定的单价以后的金额。

关键术语

外购动力
自制动力

2.3.1 外购动力费的计量

动力包括外购和自制的电力、蒸汽等动力。外购动力是由企业外部有关单位提供的电力和蒸汽等；自制动力是由企业辅助生产车间（如供电车间、供气车间）提供的。企业自制动力费将在辅助生产费用归集与分配中讲述。本节主要讲述外购动力费的计量与分配。

企业外购动力费应当按照权责发生制原则计量和确认。也就是说，计入产品成本和期间费用中外购动力费，应当是按照当月有关电力和蒸汽等的计量仪表确认的实际消耗量，乘以合同或协议规定的单价以后的金额，无论这些款项是否已经支付。

在实际工作中，抄录计量仪表、支付款项和成本计算三项工作的日期不一定相同，但这三项工作各自的间隔期基本上是一致的。例如，供电、供气部门可能规定每月 28 日为抄录电表、气量表的时间，抄表以后计算应付电费、气费的时间可能在月末，而实际付款时间可能在下月初，成本计算的时间通常为月末。也就是说，电力、蒸汽等的计量仪表确认的可能是上月 28 日到本月 28 日的实际消耗量，而成本计算确认的是本月 1 日到本月末的实际消耗量。这一差异对各月动力费核算的正确性影响不大，可以忽略不计。但在下月支付上月动力费用的情况下，一般应通过"应付账款"账户核算本月应计入产品成本和期间费用的动力费。

为简化核算，如各月发生的动力费和支付时间相对固定，则可在接到供应单位的动力费发票时直接分配计入当月产品成本和期间费用。

2.3.2　外购动力费的分配方法

当企业生产多种产品时，外购动力费需要在各种产品（各成本核算对象）之间进行分配。外购动力有的直接用于产品生产，如生产工艺用电力；有的间接用于产品生产，如生产单位（如分厂、车间）照明用电力；有的则用于企业经营管理，如行政管理部门照明用电和取暖等。在有计量仪器记录的情况下，直接根据仪器所示的消耗数量和单价计算；在没有计量仪器的情况下，要按照一定的标准在各种产品之间进行分配。如按生产工时比例、机器工时比例分配等。各车间、部门的动力用电和照明用电一般都分别装有电表，外购电力费在各车间、部门可按用电度数分配；车间中的动力用电一般不按产品分别安装电表，因而车间动力用电费用在各种产品之间一般按产品的生产工时、机器工时等比例分配。通过对材料费用分配的叙述可以看出，不同的分配方法主要取决于分配标准的不同。除分配标准不同外，分配程序基本是一样的。外购动力费的分配方法与材料费用的分配方法基本相同，这里不再详细叙述。

【情景2-8】华信食品股份有限公司外购电力2018年9月份耗电度数合计2 860度，每度电1.2元，共计3 432元。其中：直接用于产品生产耗电2 000度，没有分产品安装电表，规定按机器工时比例分配。面包机器工时为3 400小时，蛋糕机器工时为3 600小时。辅助生产供气车间耗电320度，辅助生产运输车间耗电280度，基本生产车间照明用电100度，行政管理部门照明用电160度。要求：按所耗电度数分配电力费用，面包、蛋糕按生产工时分配电费。

产品生产耗电分配率＝3 000×1.2÷（3 000+3 200）=0.58（元/小时）

面包应分配电费额＝3 000×0.58=1 740（元）

蛋糕应分配电费额＝3 200×0.58=1 856（元）

根据上述资料编制的"外购动力费分配表"如表2-10所示。

表2-10　外购动力费分配表

2018年9月30日

金额单位：元

分配对象		电量（度）	单价（元/度）	产品生产耗电分配			耗电金额合计
				机器工时（小时）	分配率（元/小时）	分配金额	
基本生产	面包			3 000		1 740.00	1 740.00
	蛋糕			3 200		1 856.00	1 856.00
	小计	3 000	1.2	6 200	0.58	3 596.00	3 596.00
辅助生产	供气车间	320	1.2				384.00
	运输车间	280	1.2				336.00
	小计	600					720.00
基本生产车间		100	1.2				120.00
行政管理部门		160	1.2				192.00
合计		3 860					4 628.00

审核　李海洋　　　　　　　　　　　　　　　　　制表　王　涛

2.3.3 外购动力费用的账务处理

根据"外购动力费分配表"（如表 2-10 所示）和相关的凭证编制会计分录如下：

借：生产成本——基本生产成本——面包   1 740
   ——基本生产成本——蛋糕   1 856
  生产成本——辅助生产成本——供气车间   384
   ——辅助生产成本——运输车间   336
  制造费用   120
  管理费用   192
  贷：银行存款   4 628

2.4 职工薪酬的归集与分配

cfo 告诉你

生产工人工资中的计件工资，属直接计入费用，应直接计入产品成本明细账；计时工资及其他工资一般属间接计入费用，应在各受益产品之间进行分配。以产品的生产工时（实际工时或定额工时）为分配标准。

关
键
术
语
职工薪酬
考勤记录
产量记录
计时工资
计件工资

2.4.1 职工薪酬的内容

职工薪酬是指企业为获得职工提供的服务而给予的各种形式的报酬及其他相关支出，包括职工在职期间和离职后企业提供给职工的全部货币性薪酬和非货币性福利。企业提供给职工配偶、子女或其他被赡养人的福利等，也属于职工薪酬。

职工薪酬具体包括：

（1）职工工资、奖金、津贴和补贴；

（2）职工福利费；

（3）医疗保险费、养老保险费、失业保险费、工伤保险费和生育保险费等社会保险费；

（4）住房公积金；

（5）工会经费和职工教育经费；

（6）非货币性福利；

（7）因解除与职工的劳动关系而给予的补偿；

（8）其他与获得职工提供的服务相关的支出。

2.4.2 职工薪酬的原始记录

企业工资薪酬的主要原始记录包括考勤记录和产量记录。

1. 考勤记录

考勤记录是登记职工出勤和缺勤情况的记录，它是分析考核职工工作时间利用情况的原始记录和计算计时工资的重要依据。考勤工具有考勤簿、考勤卡片、考勤磁卡等。

2. 产量记录

产量记录又称产量工时记录，是登记工人或生产小组在出勤时间内完成产品的数量、质量和消耗工时的原始记录。它是计算计件工资的依据，也是为各种产品之间与工时有关的费用提供合理分配标准。产量记录的形式主要有工作通知单、工序进程单和工作班产量记录、产量通知单等。

2.4.3 职工薪酬的计算

1. 计时工资

计时工资标准有月工资、日工资和小时工资三种。月工资标准也称月薪，由企业依据国家有关劳动工资法规，按照职工的工作岗位、工作能力、资历等条件综合制定。日工资由月工资除以法定月平均工作日数20.9天（年日历天数365天，减去104个双休日和10个法定节假日，再除以全年12个月）计算求得，日工资的算法是建立在节假日不计不付工资的基础上的。

一般来说，可采用按缺勤日数扣缺勤工资的计算方法（应付月工资＝月标准工资－事、病假应扣工资＋奖金、津贴和补贴等其他应付工资）计算应付月工资，或按20.9天计算日工资，按出勤日数计算的方法（应付月工资＝出勤日数×日工资＋病假应付工资＋奖金、津贴和补贴等其他应付工资）计算应付月工资。

【情景2-9】华信食品股份有限公司王涛的月标准工资为4 560元，9月份日历天数为30天，王涛的出勤天数为 20 天，周末休假 8 天，事假 1 天，病假 1 天（按制度规定，该职工病假按 90% 发工资），王涛的病假和事假期间没有节假日。本月奖金、津贴等计 300 元。计算应付王涛的月工资。

① 按 20.9 天计算日工资，按缺勤日数扣缺勤工资的计算方法计算如下：

日工资 =4 560÷20.9=218.18（元）

应付月工资 =4 560-1×218.18-1×218.18×（1-90%）+300=4 620（元）

② 按 20.9 天计算日工资，按出勤日数计算的方法计算如下：

应付月工资 =20×218.18+1×218.18×90%+300=4 860（元）

企业可以根据实际情况确定计算工资的计算方法，但一经确定，不得随意变动。

2. 计件工资

计件工资是按产量（工作量）记录登记的每一职工（或小组）的产品产量（工作量），乘以规定的计件单价计算的。计算计件工资的产品产量，包括合格产品产量和料废品（不是由于生产工人本人过失造成的不合格品）数量，但不包括工废品（由于生产工人本人过失造成的不合格品）数量。如果是小组集体计件，其小组集体计件工资总额还应在小组成员之间以计时工资为标准进行分配。

【情景 2-10】华信烘焙厂实行计件工资制。2018 年 9 月份王达、孙翔二人共同生产泡菜类产品 400 千克，全部为合格品；生产酸菜类产品 360 千克，其中合格品 350 千克，废料品 10 千克，核定的单位产品计件单价为泡菜类产品 10 元/千克、酸菜类产品 8 元/千克。根据工资级别核出王达、孙翔二人的计时工资分别为 3 542 元、3 486 元。计算每人应得的计件工资。

集体计件工资 =400×10+360×8=6 880（元）

编制"小组集体计件工资分配表"，见表 2-11。

表 2-11 小组集体计件工资分配表
2018 年 9 月 30 日

金额单位：元

姓名 （分配对象）	计时工资 （分配标准）	分配率	计件工资
王达	3 542.00	—	3 471.16
孙翔	3 486.00	—	3 408.84
合计	7 028.00	0.98	6 880.00

2.4.4 职工薪酬的分配方法

生产工人工资中的计件工资，属直接计入费用，应直接计入产品成本明细账；计时工资及其他工资一般属间接计入费用，应在各受益产品之间进行分配。产品的生产工时（实际工时或定额工时）为分配标准。其分配公式如下：

生产工人工资分配率 = 生产工人工资总额 ÷ ∑各产品实际（定额）工时

各产品应分配的工资额 = 各产品实际（定额）工时 × 分配率

【情景2-11】华信食品股份有限公司生产面包、蛋糕、蛋挞三种产品，2018年9月30日根据工资结算单整理分配本月份职工工资，如表2-12所示。其中：基本生产车间生产工人工资12 840元（按产品生产工时比例分配，面包生产工时800小时，蛋糕生产工时720小时，蛋挞生产工时620小时），基本生产车间管理人员工资5 830元，辅助生产车间供气车间生产工人工资5 000元，运输车间生产工人工资6 510元，企业管理部门人员工资16 560元，企业销售部门人员工资19 420元。

表2-12　工资结算汇总表

2018年9月30日　　　　　　　　　　　　　　　　金额单位：元

部门		计时工资	奖金	津贴补贴	应扣工资		应发工资	代扣款项						实发工资
					病假	事假		养老保险	失业保险	医疗保险	住房公积金	个人所得税	小计	
基本生产车间	生产工人	12 460.00	400.00	300.00	120.00	200.00	12 840.00	308.16	256.80	154.08	513.60	160.00	1 392.64	11 447.36
	车间管理人员	5 680.00	150.00	200.00		200.00	5 830.00	139.92	116.60	69.96	233.20		559.68	5 270.32
辅助生产车间	供气车间	4 800.00	100.00	300.00	200.00		5 000.00	120.00	100.00	60.00	200.00		480.00	4 520.00
	运输车间	6 200.00	160.00	150.00			6 510.00	156.24	130.20	78.12	260.40		624.96	5 885.04
企业管理部门		16 000.00	500.00	460.00		400.00	16 560.00	397.44	331.20	198.72	662.40		1 589.76	14 970.24
企业销售部门		18 620.00	800.00	500.00	400.00	100.00	19 420.00	466.08	388.40	233.04	776.80	200.00	2 064.32	17 355.68
合计		63 760.00	2 110.00	1 910.00	720.00	900.00	66 160.00	1 587.84	1 323.20	793.92	2 646.40	360.00	6 711.36	59 448.64

审核　李海洋　　　　　　　　　　　　　　　　　　　　　　制表　王涛

生产工资费用分配率＝12 840÷（800+720+620）＝6

面包应分配的生产工人工资＝6×800＝4 800（元）

蛋糕应分配的生产工人工资＝6×720＝4 320（元）

蛋挞应分配的生产工人工资＝12 840-4 800-4 320＝3 720（元）

根据上述资料编制"工资费用分配表"，如表2-13所示。

表2-13　工资费用分配表

2018年9月30日　　　　　　　　　　　　　　　　金额单位：元

应借科目		成本或费用项目	直接计入	分配计入		职工工资合计
				生产工时（小时）	分配金额	
基本生产成本	面包	直接人工		800	4 800.00	4 800.00
	蛋糕	直接人工		720	4 320.00	4 320.00
	蛋挞	直接人工		620	3 720.00	3 720.00
	小计			2 140		12 840.00
辅助生产成本	供气车间	薪酬费用	5 000.00			5 000.00
	运输车间	薪酬费用	6 510.00			6 510.00
	小计		11 510.00			11 510.00
制造费用		薪酬费用	5 830.00			5 830.00
管理费用		薪酬费用	16 560.00			16 560.00
销售费用		薪酬费用	19 420.00			19 420.00
合计			53 320.00			66 160.00

审核　李海洋　　　　　　　　　　　　　　　　　　　　　　制表　王涛

2.4.5 职工薪酬的账务处理

工资费用分配应按工资的用途分别记入有关成本、费用账户。

根据"工资费用分配表"如表 2-13 所示，编制会计分录如下：

借：生产成本——基本生产成本——面包   4 800

    ——基本生产成本——蛋糕   4 320

    ——基本生产成本——蛋挞   3 720

  生产成本——辅助生产成本——供气车间 5 000

    ——辅助生产成本——运输车间 6 510

  制造费用   5 830

  管理费用   16 560

  销售费用   19 420

  贷：应付职工薪酬——工资   66 160

2.5 辅助生产车间费用的归集与分配

cfo 告诉你

辅助生产车间费用的分配通常采用直接分配法、交互分配法、代数分配法、计划成本分配法和顺序分配法。

关 直接分配法

键 交互分配法

  代数分配法

术 计划成本分配法

语 顺序分配法

2.5.1 辅助生产车间费用的归集

辅助生产车间费用归集的核算是通过辅助生产成本总账及明细账进行的。一般按车间及产品和劳务设立明细账。当辅助生产发生各项费用时计入“辅助生产成本”总账及所属明细账。一般情况下，辅助生产的制造费用与基本生产的制造费用一样，先通过“制造费用”科目进行单独归集，然后再转入“辅助生产成本”科目。对于辅助生产车间规模很小、制造费用很少且辅助生产不对外提供产品和劳务的，为简化核算工作流程，辅助生产的制造费用也可以不通过“制造费用”科目，而直接计入“辅助生产成本”科目。辅助生产成本明细分类账如图 2-1 所示。

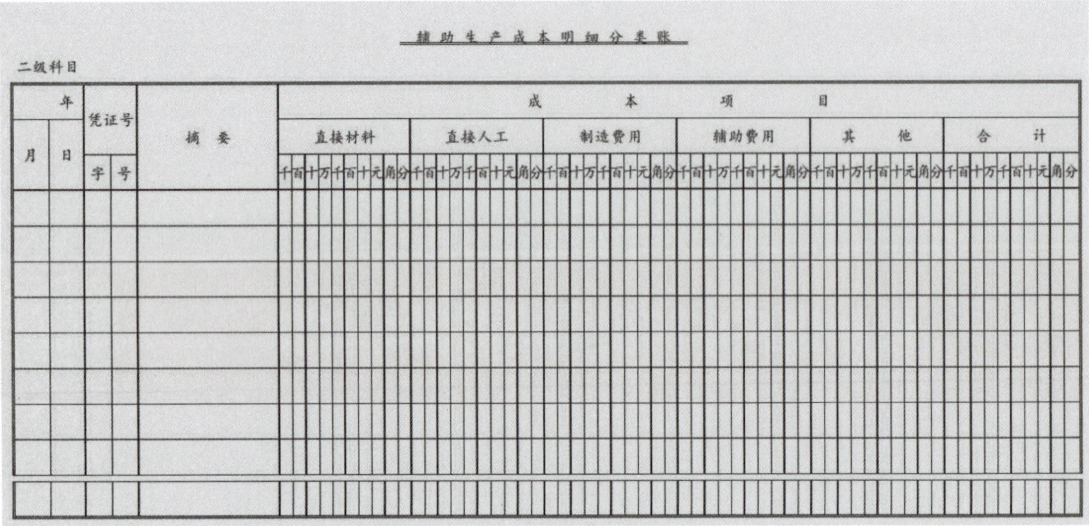
辅助生产成本明细分类账

二级科目

年		凭证号		摘要	成本项目					
月	日	字	号		直接材料	直接人工	制造费用	辅助费用	其他	合计
					千百十万千百十元角分	千百十万千百十元角分	千百十万千百十元角分	千百十万千百十元角分	千百十万千百十元角分	千百十万千百十元角分

图 2-1　辅助生产成本明细分类账

【情景 2-12】华信啤酒股份有限公司辅助生产车间为基本生产和其他部门提供机修和运输两种服务，单独设置制造费用明细分类账核算辅助生产车间的制造费用。2018 年 9 月 30 日“制造费用——辅助生产车间”借方归集制造费用 18 600 元，按辅助生产工人工资的比例分配（机修生产工人工资 7 200 元，运输生产工人工资 8 450 元）。编制“辅助生产车间制造费用分配表”如表 2-14 所示。

表 2-14　辅助生产车间制造费用分配表

2018 年 9 月 30 日　　　　金额单位：元

辅助生产车间名称	生产工人工资	分配率	分配的制造费用
机修车间	7 200.00		8 568.00
运输车间	8 450.00		10 032.00
合 计	15 650.00	1.19	18 600.00

根据表 2-14 所示，在分配辅助生产费用之前结转辅助生产车间的制造费用，编制转账凭证（会计分录代替）如下：

借：生产成本——辅助生产成本——机修车间 8 568
　　　　　　　　——辅助生产成本——运输车间 10 032
　贷：制造费用——辅助生产车间 18 600

2.5.2 辅助生产车间费用的分配

辅助生产车间费用的分配，就是将辅助生产费用按照所提供的产品或劳务量的多少分配给各受益对象，由各受益对象负担应分配的辅助生产费用。辅助生产费用的分配通常采用直接分配法、交互分配法、代数分配法、计划成本分配法和顺序分配法。

1. 直接分配法

直接分配法的特点是不考虑各辅助生产车间之间相互提供劳务或产品的情况，而是将各种辅助生产费用直接分配给辅助生产以外的各受益单位。

采用直接分配法进行分配，辅助生产产品或劳务之间相互提供的产品或劳务不相互分配辅助生产费用，因此在计算辅助生产费用分配率（即产品或劳务的单位成本）时，应剔除辅助生产产品或劳务之间相互提供的产品或劳务数量。

计算公式为：

$$辅助生产费用分配率 = \frac{某辅助生产部分待分配费用}{该辅助生产部门提供给辅助生产部门以外受益对象的劳务总量}$$

某受益对象应负担的费用 = 该受益对象接受的劳务供应总量 × 费用分配率

【情景 2-13】华信食品有限公司设有供气、运输两个辅助生产车间。2018 年 9 月，供气车间归集的生产费用为 11 374 元，运输车间归集的生产费用为 13 780 元。两个辅助生产车间对外提供的产品或劳务数量如表 2-15 所示。

表 2-15 辅助生产车间劳务数量情况表

辅助生产车间名称		供气车间（立方米）	运输车间（千米）
待分配辅助生产劳务数量		2 400	2 000
基本生产消耗	第一车间	1 080	880
	第二车间	1 120	760
	小　计	2 200	1 640
行政管理部门消耗		120	160
销售部门消耗		80	200
合　计		2 400	2 000

根据上述资料，采用直接分配法分配辅助生产的机修成本和运输成本如下。

（1）计算分配率。

供气费用分配率 =11 374÷2 400=4.74（元/立方米）

运输费用分配率 =13 780÷2 000=6.89（元/千米）

（2）分配金额。

第一车间 =4.74×1 080+6.89×880=11 182.4（元）

第二车间 =4.74×1 120+6.89×760=10 545.2（元）

行政管理部门消耗 =4.74×120+6.89×160=1 671.2（元）

销售部门消耗 =11 374–10 996.8+13 780–12 402=1 755.2（元）

根据上述资料，编制"辅助生产费用分配表"如表 2-16 所示。

表 2-16　辅助生产费用分配表

2018 年 9 月 30 日　　　　　　　　　　　　　　　　　　　　　　金额单位：元

辅助生产车间名称		供气车间		运输车间		合计费用
		消耗量（立方米）	供气费用	消耗量（千米）	运输费用	
待分配辅助生产费用及劳务数量		2 400	11 374.00	2 000	13 780.00	25 154.00
费用分配率（元/立方米，元/千米）		4.74		6.89		
基本生产消耗	第一车间	1 080	5 119.20	880	6 063.20	11 182.40
	第二车间	1 120	5 308.80	760	5 236.40	10 545.20
小　计		2 200	10 428.00	1 640	11 299.60	21 727.60
行政管理部门消耗		120	568.80	160	1 102.40	1 671.20
销售部门消耗		80	377.20	200	1 378.00	1 755.20
合　计		2 400	11 374.00	2 000	13 780.00	25 154.00

根据表 2-16 所示，编制会计分录如下：

借：制造费用——第一车间　　　　　　　11 182.4

　　　　　　——第二车间　　　　　　　10 545.2

　　管理费用　　　　　　　　　　　　　1 671.2

　　销售费用　　　　　　　　　　　　　1 755.2

　　贷：生产成本——辅助生产成本——供气车间　　　　11 374

　　　　　　　　　　　　　　——运输车间　　　　13 780

采用直接分配法，各辅助生产费用只进行对外分配，并只分配一次，计算简单，但分配结果不够准确。适用于辅助生产内部相互提供的产品和劳务数量不多、不进行费用的交互分配、对辅助生产成本和企业产品成本影响不大的情况。

2. 交互分配法

交互分配法的特点是辅助生产费用通过两次分配完成，首先将辅助生产明细账上的合计数根据各辅助生产车间、部门相互提供的劳务数量计算分配率，在辅助生产车间进行交互分配；然后将各辅助生产车间交互分配后的实际费用（即交互前的费用加上交互分配转入的费用，减去交互分配转出的费用），再按提供的劳务量在辅助生产车间以外的各受益单位之间进行分配。

第一次进行交互分配的成本分配率（即交互分配率）计算公式为：

$$交互分配率 = \frac{辅助生产产品或劳务的总成本}{辅助生产产品或劳务总量}$$

第二次进行对外分配的成本分配率（即对外分配率）计算公式为：

$$对外分配率 = \frac{交互分配后的实际辅助生产成本}{对外（辅助生产车间以外）提供产品或劳务的数量}$$

【情景2-14】华信烘焙厂有供电车间、供水车间两个辅助生产车间，分别提供用电和用水两种服务。2018年9月30日，在分配结转前，供电车间本月发生的费用为3 420元，供水车间本月发生的费用为2 260元。各车间、各部门消耗的辅助车间劳务数量如表2-17所示。

表2-17　辅助生产车间劳务数量情况表

受益部门 辅助生产车间			供电车间（度）	供水车间（立方米）
待分配辅助生产费用（元）			3 420.00	2 260.00
供应劳务数量			2 680	420
辅助生产车间	供电车间	消耗量		20
	供水车间	消耗量	420	
基本生产	第一车间	消耗量	860	185
	第二车间	消耗量	820	190
行政部门消耗量			340	15
销售部门消耗量			240	10

（1）进行交互分配：

供电车间分配率 =3 420÷2 680=1.28（元/度）

供水车间分配率 =2 260÷420=5.38（元/立方米）

供水车间分配给供电车间的费用 =5.38×20=107.6（元）

供电车间分配给供水车间的费用 =1.28×420=537.6（元）

（2）进行对外分配：

供电车间对外分配总金额 =3 420+107.6-537.6=2 990（元）

供水车间对外分配总金额 =2 260+537.6-107.6=2 690（元）

供电车间对外分配率 =2 990÷（860+820+340+240）=1.32（元/度）

供水车间对外分配率 =2 690÷（185+190+15+10）=6.73（元/立方米）

第一车间 =860×1.32+185×6.73=2 380.25（元）

第二车间 =820×1.32+190×6.73=2 361.1（元）

行政部门 =340×1.32+15×6.73=549.75（元）

销售部门 =240×1.32+10×6.73=388.9（元）

根据上述交互分配和对外分配的计算结果编制"辅助生产费用分配表"，如表2-18所示。

表 2-18　辅助生产费用分配表

2018 年 9 月 30 日

辅助生产车间名称			交互分配			对外分配		
			供电车间（度）	供水车间（立方米）	合计	供电车间（度）	供水车间（立方米）	合计
待分配辅助生产费用（元）			3 420.00	2 260.00	5 680.00	2 990.00	2 690.00	5 680.00
供应劳务数量			2 680	420	3 100			
费用分配率（元/度，元/立方米）			1.28	5.38		1.32	6.73	
辅助生产车间	供电车间	消耗量		20	20			
		分配金额（元）		107.60	107.60			
	供水车间	消耗量	420		420			
		分配金额（元）	537.60		537.60			
	分配金额小计		537.60	107.60	645.20			
基本生产车间	第一车间	消耗量				860	185	
		分配金额（元）				1 135.20	1 245.05	2 380.25
	第二车间	消耗量				820	190	
		分配金额（元）				1 082.40	1 278.70	2 361.10
	分配金额小计					2 217.60	2 523.75	4 741.35
行政部门	消耗量					340	15	
	分配金额（元）					448.80	100.95	549.75
销售部门	消耗量					240	10	
	分配金额（元）					323.60	65.30	388.90
合计金额（元）						2 990.00	2 690.00	5 680.00

审核　周正华　　　　　　　　　　　　　　　　制表　冯玉婷

采用交互分配法的优点是对辅助生产内部各产品或劳务之间相互提供的产品或劳务全都进行了交互分配，从而提高了分配结果的正确性。但同时加大了分配的工作量。

3. 代数分配法

代数分配法，是运用代数中多元一次联立方程组的原理，在辅助生产产品或劳务之间相互提供产品或劳务情况下的一种辅助生产费用分配方法。采用这种分配方法的特点是，先根据解联立方程的原理，计算辅助生产产品或劳务的单位成本；然后，根据各受益单位（包括辅助生产内部和外部各单位）消耗产品或劳务的数量和单位成本，计算分配辅助生产费用。

【情景 2-15】华信调料加工厂有供气、供电两个辅助生产车间，2018 年 9 月，各车间、各部门消耗的辅助车间劳务数量如表 2-19 所示，采用代数法进行分配。有关计算过程如下：

表 2-19　辅助生产车间劳务数量情况表

2018 年 9 月 30 日

辅助生产车间名称			供气车间（立方米）	供电车间（度）	合　计
待分配辅助生产费用（元）			3 640.00	3 320.00	6 960.00
供应劳务的数量			1 275	2 920	
辅助生产车间	供气车间	消耗量		260	
	供电车间	消耗量	180		
基本生产车间	糖化车间	消耗量	510	1 020	
	发酵车间	消耗量	560	1 140	
行政部门消耗量			15	260	
销售部门消耗量			10	240	

设每立方米的成本为 X 元，每度电的成本为 Y 元，建立方程组为：

$3\ 640+260Y=1\ 275X$

$3\ 320+180X=2\ 920Y$

解上述方程组得：

$X=3.13$，$Y=1.33$

按照求解的辅助生产供电和运输的单位成本将各自的辅助生产费用分配给全部受益对象，编制"辅助生产费用分配表"，如表 2-20 所示。

表 2-20　辅助生产费用分配表

2018 年 9 月 30 日

辅助生产车间名称			供气车间（立方米）	供电车间（度）	合　计
待分配辅助生产费用（元）			3 640.00	3 320.00	6 960.00
供应劳务数量（立方米、度）			1 275	2 920	
用代数算出的实际单位成本			3.13	1.33	
辅助生产车间	供气车间	消耗量		260	
		分配金额（元）		345.80	345.80
	供电车间	消耗量	180		
		分配金额（元）	563.40		563.40
	分配金额小计（元）		563.40	345.80	909.20
基本生产车间	糖化车间	消耗量	510	1 020	
		分配金额（元）	1 596.30	1 356.60	2 952.90
	发酵车间	消耗量	560	1 140	
		分配金额（元）	1 752.80	1 516.20	3 269.00
	分配金额小计（元）		3 349.10	2 872.80	6 221.90

辅助生产车间名称		供气车间（立方米）	供电车间（度）	合 计
行政部门	消耗量	15	260	
	分配金额（元）	46.95	345.80	392.75
销售部门	消耗量	10	240	
	分配金额（元）	31.30	319.20	350.50
分配金额合计（元）		3 990.75	3 883.60	7 874.35

审核 蒋俊飞　　　　　　　　　　　　　　　　　　　　　制表 唐浩然

根据表 2-20 所示，编制会计分录如下：

借：生产成本——辅助生产成本——供气车间　　　345.8

　　　　　　　　　　　　——供电车间　　　　563.4

　　制造费用——糖化车间　　　　　　　　　　2 952.9

　　　　　　——发酵车间　　　　　　　　　　3 269

　　管理费用　　　　　　　　　　　　　　　　392.75

　　销售费用　　　　　　　　　　　　　　　　350.5

　　贷：生产成本——辅助生产成本——机修车间　　　3 990.75

　　　　　　　　　　　　　——供电车间　　　　3 883.60

采用代数分配法，是通过解联立方程组求得产品和劳务的实际单位成本的，因此，分配结果最为准确。但当企业辅助生产有三个或三个以上产品或劳务相互之间提供产品或劳务时，计算工作会比较复杂。如果企业已经实现会计电算化，则采用这种方法比较适宜。

4. 计划成本分配法

计划成本分配法是先按辅助生产单位产品或劳务的计划单位成本和实际供应量，在各受益对象（包括各辅助生产单位在内）之间分配辅助计划成本，然后再计算和分配辅助生产实际成本（分配前的辅助生产产品或劳务的总成本加上辅助生产单位内部按计划成本分配转入的成本）与按计划单位成本分配转出计划成本的差额，即辅助生产产品或劳务的成本差异。如果成本差异数额较大，可以采用辅助生产费用直接分配法，将成本差异作为要分配的成本，在辅助生产车间以外的各受益对象之间再分配一次；如果成本差异数额较小，可以将成本差异额直接计入管理费用，不必进行再次分配。为了简化分配工作，一般将辅助生产的成本差异全部调整计入管理费用，不再分配给其他各受益对象。

采用计划分配的计算公式如下：

各车间或部门应分配的辅助生产费用 = 该车间或部门消耗劳务数量 × 该辅助生产车间提供产品或劳务的计划单位成本

辅助车间实际费用 = 车间待分配的费用 + 按计划成本分配转入的费用

辅助车间费用差异 = 辅助车间实际费用 − 按计划成本分配的费用

【情景 2-16】华信酱菜加工厂有供气车间、供电车间两个辅助生产车间，有关资料如下：

2018 年 9 月，各车间、各部门耗用的辅助车间劳务数量如表 2-21 所示，采用计划成本分配法进行分配，编制"辅助生产费用分配表"，如表 2-22 所示。

表 2-21　辅助生产车间劳务数量情况表

辅助生产车间名称			供气车间（立方米）	供电车间（度）	合计
待分配辅助生产费用（元）			3 840.00	2 820.00	6 660.00
提供劳务总量（立方米/度）			1 020	2 410	
计划单位成本 (元/立方米、元/度)			4.00	1.10	
辅助生产车间	供气车间	消耗量		230	
	供电车间	消耗量	20		
基本生产车间	第一车间	消耗量	496	1 020	
	第二车间	消耗量	474	860	
管理部门消耗量			15	180	
销售部门消耗量			15	120	

表 2-22　辅助生产费用分配表

2018 年 9 月 30 日

辅助生产车间名称			供气车间（立方米）	供电车间（度）	合计
待分配辅助生产费用（元）			3 840.00	2 820.00	6 660.00
计划单位成本 (元/立方米、元/度)			4.00	1.10	
辅助生产车间	供气车间	消耗量		230	
		分配金额（元）		253.00	253.00
	供电车间	消耗量	20		
		分配金额（元）	80.00		80.00
	分配金额（元）		80.00	253.00	333.00
基本生产车间	第一车间	消耗量	496	1 020	
		分配金额（元）	1 984.00	1 122.00	3 106.00
	第二车间	消耗量	474	860	
		分配金额（元）	1 896.00	946.00	2 842.00
	分配金额（元）		3 880.00	2 068.00	5 948.00
管理部门	消耗量		15	180	
	分配金额（元）		60.00	198.00	258.00
销售部门	消耗量		15	120	
	分配金额（元）		60.00	132.00	192.00
按计划成本分配金额合计（元）			4 080.00	2 651.00	6 731.00
辅助生产实际成本（元）			4 093.00	2 900.00	6 993.00
辅助生产成本差异（元）			13.00	249.00	262.00

审核　潘文卓　　　　　　　　　　　　　　　　制表　蒋宇宁

根据表 2-22，编制会计分录如下：

（1）按计划成本分配辅助生产成本：

借：生产成本——辅助生产成本——供气车间   253

                  ——供电车间   80

    制造费用——第一车间   3 106

            ——第二车间   2 842

    管理费用   258

    销售费用   192

    贷：生产成本——辅助生产成本——供气车间   4 080

                    ——供电车间   2 651

（2）分配结转辅助生产成本差异：

借：管理费用   262

    贷：生产成本——辅助生产成本——供气车间   13

        生产成本——辅助生产成本——供电车间   249

上述分配结转辅助生产成本差异的会计分录属于调整分录，不论成本差异是超支差异还是节约差异，账户的对应关系是相同的，在登记账户时，超支差异用蓝字表示补加，节约差异用红字表示冲减。

5. 顺序分配法

顺序分配法也称梯形分配法，其特点是按照辅助生产车间受益多少的顺序分配费用，受益少的先分配，受益多的后分配，先分配的辅助生产车间不负担后分配的辅助生产车间的费用。适用于各辅助生产车间之间相互受益程度有明显顺序的企业。

【情景 2-17】华信腐乳加工厂公司有供电车间、供水车间两个辅助生产车间，2018 年 9 月，各车间、各部门消耗的辅助生产车间劳务数量如表 2-23 所示，采用顺序分配法进行分配，编制"辅助生产费用分配表"如表 2-24 所示。

表 2-23 辅助生产车间劳务数量情况分配表

2018 年 9 月 30 日

辅助生产车间名称			供电车间（度）	供水车间（立方米）	合计
待分配辅助生产费用（元）			2 860.00	1 660.00	4 520.00
供应劳务的数量			2 220	410	
辅助生产车间	供电车间	消耗量		15	
	供水车间	消耗量	210		
基本生产车间	第一车间	消耗量	920	195	
	第二车间	消耗量	880	165	
行政部门消耗量			120	20	
销售部门消耗量			90	15	

表 2-24　辅助生产费用分配表

2018 年 9 月 30 日

金额单位：元

会计科目	辅助生产成本						制造费用				管理费用		销售费用		合计
	供电车间			机修车间			第一车间		第二车间						
车间部门	劳务数量	待分配费用	分配率（元/度）	劳务数量	待分配费用	分配率（元/小时）	消耗数量	消耗金额	消耗数量	消耗金额	消耗数量	消耗金额	消耗数量	消耗金额	
	410	1 660.00		2 220	2 860.00										4 520.00
分配供电费用	-410	-1 660.00	4.05	15	60.73		195	789.51	165	668.05	20	80.98	15	60.73	1 660.00
修理费用合计				2 010	2 920.73										
分配修理费用				-2 010	-2 920.73	1.45	920	1 334.00	880	1 276.00	120	174.00	90	136.73	2 920.73
分配金额合计								2 123.51		1 944.05		254.98		197.46	4 520.00

审核　唐思雨　　　　　　　　　　　　　　　　　　制表　罗文轩

根据表 2-24 所示，编制如下会计分录：

（1）分配供水费用：

借：生产成本——辅助生产成本——供电车间　　　　60.73

　　制造费用——第一车间　　　　　　　　　　　　789.51

　　　　　　　——第二车间　　　　　　　　　　　668.05

　　管理费用　　　　　　　　　　　　　　　　　　80.98

　　销售费用　　　　　　　　　　　　　　　　　　60.73

　　　贷：生产成本——辅助生产成本——供电车间　　　　　　　1 660

（2）分配供电费用：

借：制造费用——第一车间　　　　　　　　　　　1 334

　　　　　　——第二车间　　　　　　　　　　　1 276

　　管理费用　　　　　　　　　　　　　　　　　174

　　销售费用　　　　　　　　　　　　　　　　　136.73

　　　贷：生产成本——辅助生产成本——机修车间　　　　　　　2 920.73

2.6　制造费用的归集与分配

cfo 告诉你

制造费用的内容比较复杂，应按照管理要求分别设若干费用项目进行计划和核算，归类反映各项费用的执行情况。

关
键
术
语

生产工时比例法
生产工人工资比例法
机器工时比例法
年度计划分配率分配法

2.6.1 制造费用的归集

制造费用是指工业企业为生产产品（或提供劳务）而发生的、应计入产品成本但没有专设成本项目的各项生产费用。制造费用的大部分不是直接用于产品生产的费用，而是间接用于产品的费用，如机物料消耗、车间厂房的折旧费和修理费、车间照明费、水费、取暖费，以及车间管理和辅助人员的薪酬费用、差旅费和办公费等。还有一部分制造费用直接用于产品生产，但管理上不必单独核算，也不专设成本项目的费用，如机器设备的折旧费、修理费等。企业生产单位的动力费用，如果不专设成本项目也不单独核算，也应包括在制造费用中。

制造费用的内容比较复杂，应按照管理要求分别设若干费用项目进行计划和核算，归类反映各项费用的执行情况。制造费用的项目有的可以按照费用的经济用途设立，如按照用于车间办公方面的各项支出设立"办公费"项目；也可以按照费用的经济内容设立，如全车间的机器设备和房屋建筑物等固定资产的折旧，设立"折旧费"项目。

制造费用的核算，是通过"制造费用"科目进行归集和分配的。该科目应按车间、部门设置明细账，账内按照费用项目设专栏或专行，分别反映各车间、部门各项制造费用的支出情况。制造费用发生时，根据有关的付款凭证、转账凭证和前述各种费用分配表，记入"制造费用"科目的借方，并视具体情况，分别记入"原材料""应付职工薪酬""累计折旧""预提费用""银行存款"等科目的贷方；期末按照一定标准进行分配时，从该科目的贷方转出，记入"基本生产成本"等科目的借方；除季节性生产的车间外，"制造费用"科目期末应无余额。如果辅助生产车间的制造费用通过"制造费用"科目单独核算，则应比照基本生产车间发生的费用核算；如果辅助生产车间的制造费用不通过"制造费用"科目单独核算，则应全部记入"辅助生产成本"科目及明细账的有关成本或费用项目。

（1）生产车间发生的机物料消耗，会计分录如下：

借：制造费用

　　贷：原材料

（2）生产车间管理人员的工资等职工薪酬，会计分录如下：

借：制造费用

　　贷：应付职工薪酬

（3）生产车间计提的固定资产折旧，会计分录如下：

借：制造费用

　　贷：累计折旧

（4）生产车间支付的办公费、水电费等，会计分录如下：

借：制造费用

　　贷：银行存款

（5）发生季节性的停工损失，会计分录如下：

借：制造费用

　　贷：原材料、应付职工薪酬、银行存款等

（6）将制造费用分配计入有关的成本核算对象，会计分录如下：

借：生产成本（基本生产成本、辅助生产成本）

　　贷：制造费用

（7）季节性生产企业制造费用全年实际发生额与分配额的差额，除其中属于为下一年开工生产做准备的可留待下一年分配外，其余部分实际发生额大于分配额的差额，会计分录如下：

借：生产成本——基本生产成本

　　贷：制造费用

实际发生额小于分配额的差额应做相反的会计分录。

为了说明制造费用的归集过程，根据本项目有关华信食品股份有限公司的例题（情景 2-7、情景 2-8、情景 2-11、情景 2-13）资料登记基本生产车间“制造费用明细分类账”，如图 2-2 所示。

制造费用明细分类账

2018 年		凭证号		摘要	成本项目					
月	日	字	号		直接材料	直接人工	制造费用	辅助费用	其他	合计
9	30	略		分配原材料	20000					20000
	30			分配工资费用		583000				603000
	30			分配外购动力费用					12000	615000
	30			分配辅助生产费用				2172760		2787760
	30			结转制造费用	20000	583000		2172760	12000	0

图 2-2　制造费用明细分类账

2.6.2　制造费用的分配

为了正确计算产品的生产成本，必须合理地分配制造费用。基本生产车间的制造费用是产品生产成本的组成部分，只生产一种产品的车间，其制造费用可以直接计入该产品生产成本；在生产多种产品的车间中，制造费用则应采用既合理又简便的分配方法分配计入各种产品的生产成本。

辅助生产车间单独核算其制造费用时，汇总在"制造费用——辅助生产车间"科目的数额，在只生产一种产品或提供一种劳务的辅助生产车间，直接计入该辅助生产产品或劳务的成本；在生产多种产品或提供多种劳务的辅助生产车间，则应采用适当的方法，分配计入辅助生产产品或劳务的成本。

由于各车间制造费用水平不同，所以制造费用应该按照各车间分别进行分配，而不得将各车间的制造费用统一在整个企业范围内分配。制造费用的分配方法一般有生产工时比例法、生产工人工资比例法，机器工时比例法和按年度计划分配率分配法等。分配方法一经确定，不可随意变更。

1. 生产工时比例法

生产工时比例法是按照各种产品所用生产工人工时的比例分配制造费用的一种方法。计算公式如下：

制造费用分配率 = 制造费用总额 ÷ 车间产品生产工时总额

某种产品应分配的制造费用 = 该种产品生产工时 × 制造费用分配率

按生产工时比例分配，可以用各种产品实际消耗的生产工时（定额工时），如果产品的工时定额比较准确，制造费用也可以按定额工时的比例分配。计算公式如下：

制造费用分配率 = 制造费用总额 ÷ 车间产品定额工时总额

某种产品应分配的制造费用 = 该种产品定额工时 × 制造费用分配率

【情景 2-18】华信食品股份有限公司基本生产车间发生的制造费用总额为 27 877.6 元，基本生产车间蛋糕生产工时为 800 小时，蛋糕生产工时为 720 小时，蛋挞生产工时为 620 小时，计算分配如下：

制造费用分配率 =27 877.6÷（800+720+620）=13.03（元/小时）

面包应分配制造费用 =800×13.03=10 424（元）

蛋糕应分配制造费用 =720×13.03=9 381.6（元）

蛋挞应分配制造费用 =27 877.6-10 424-9 381.6=8 072（元）

按生产工时比例法编制制造费用分配表，详见表 2-25。

表 2-25　制造费用分配表

2018 年 9 月 30 日

金额单位：元

应借科目		生产工时（小时）	分配率（元/小时）	分配金额
基本生产成本	面包	800	—	10 424.00
	蛋糕	720	—	9 381.60
	蛋挞	620	—	8 072.00
合　计		2 140	13.03	27 877.60

审核　李海洋　　　　　　　　　　　　　　　　　　制表　王　涛

根据表 2-25 所示，编制会计分录如下：

借：基本生产成本——面包　　　　　　　10 424

	——蛋糕	9 381.6
	——蛋挞	8 072

　　贷：制造费用　　　　　　　　　　　　　　27 877.6

　　根据编制的会计分录登记制造费用明细分类账如图 2-2 所示。

　　按生产工时比例分配是较为常见的一种分配方法，它能将劳动生产过程中各产品负担费用的多少联系起来，分配结果比较合理。由于生产工时是分配间接计入费用常用的分配标准之一，因此，必须正确组织好产品生产工时的记录和核算等基础工作，以保证生产工时的准确、可靠。

2. 生产工人工资比例法

　　生产工人工资比例法又称生产工资比例法，是以各种产品的生产工人工资的比例分配制造费用的一种方法，计算公式如下：

　　制造费用分配率＝制造费用总额÷车间产品生产工人工资总额

　　某种产品应分配的制造费用＝该种产品生产工人工资×制造费用分配率

　　【情景 2-19】华信酱菜加工厂基本生产车间 9 月份制造费用总额为 16 800 元，生产了泡菜类、酸菜类和酱菜类三种产品，泡菜类生产工人工资 5 600 元，酸菜类生产工人工资 4 800 元，酱菜类生产工人工资 5 400 元，按生产工人工资比例计算制造费用。

　　制造费用分配率 =16 800÷（5 600+4 800+5 400）=1.06

　　泡菜类应分配的制造费用 =5 600×1.06=5 936（元）

　　酸菜类应分配的制造费用 =4 800×1.06=5 088（元）

　　酱菜类应分配的制造费用 =16 800-5 936-5 088=5 776（元）

　　编制分配结转制造费用的会计分录为：

　　借：基本生产成本——泡菜类　　　　　　5 936

　　　　　　　　　——酸菜类　　　　　　5 088

　　　　　　　　　——酱菜类　　　　　　5 776

　　　　贷：制造费用　　　　　　　　　　　　16 800

　　由于工资费用分配表中有现成的生产工人工资的资料，所以生产工人工资比例法的核算工作很简便。这种方法适用于各种产品生产机械化程度大致相同的情况，否则会影响费用分配的合理性。例如，机械化程度低的产品，所用工资费用多，分配的制造费用也多；反之，机械化程度高的产品，所用工资费用少，分配的制造费用也少，会出现不合理的情况。该分配方法与生产工时比例法原理基本相同。如果生产工人的计时工资是按照生产工时比例分配的，按照生产工人工资比例分配制造费用实际上就是按生产工时比例分配制造费用。

3. 机器工时比例法

　　机器工时比例法是按照各种产品所用机器设备运转时间的比例分配制造费用的一种方法。这种方法适用于机械化程度较高的车间，因为在这种车间中，折旧费用、修理费用的多少与机器运转的时间长短有着密切的联系。采用这种方法，必须保证正确记录各种产品所消耗机器的工时。该方法的计算程序、原理与生产工时比例法基本相同，只是将分配标准由生产工时替换成消耗的机器工时，这里不再举例说明。

4. 按年度计划分配率分配法

按年度计划分配率分配法，是按照年度开始前确定的全年适用的计划分配率分配费用的方法。采用这种分配方法，不论各月实际发生的制造费用是多少，每月各种产品成本中的制造费用都按年度计划确定的计划分配率分配。年度内如果发现全年制造费用的实际数和产品的实际产量与计划数存在较大的差额，则应及时调整计划分配率。计算公式如下：

年度计划分配率 = 年度制造费用计划总额 ÷ 年度各种产品计划产量的定额工时总额

某月某产品制造费用 = 该月该种产品实际产量 × 该种产品单位工时定额 × 年度计划分配率

【情景 2-20】假设华信酱菜加工厂某车间 2018 年全年制造费用计划为 224 000 元；全年各种产品的计划产量为：泡菜类 7 600 千克、酸菜类 6 750 千克；单件产品的工时定额为泡菜类 22 小时、酸菜类 24 小时。2018 年 12 月份的实际产量为：泡菜类 600 千克、酸菜类 500 千克，该月实际发生制造费用 18 640 元。

年度产品计划产量的定额工时总额 =7 600×22+6 750×24=329 200（小时）

年度计划分配率 =224 000÷329 300=0.68（元/小时）

12 月份泡菜类分配制造费用 =600×22×0.68=8 976（元）

12 月份酸菜类分配制造费用 =500×24×0.68=8 160（元）

编制分配结转制造费用的会计分录为：

借：生产成本——基本生产成本——泡菜类　　　　8 976

　　　　　　　　　　　　　　——酸菜类　　　　8 160

　　贷：制造费用　　　　　　　　　　　　　　　　　　17 136

该车间 12 月按计划分配率分配转出的制造费用为 17 136（=8 976+8 160）元。假定某车间制造费用明细分类账户 12 月初贷方余额为 1 200 元，则该月制造费用的实际发生额和分配转出额登记结果如图 2-3 所示。

本月实际发生额	18 640	月初余额	1 200
		本月分配转出	17 136
本月发生额	18 640	本月发生额	17 136
月末余额	304		

图 2-3　制造费用账户

采用按年度计划分配率分配法时，每月实际发生的制造费用与分配转出的制造费用金额不一定相等，因此，制造费用账户一般有月末余额，可能是借方余额，也可能是贷方余额，在 1—11 月，该余额可不做处理。制造费用账户如果有年末余额，就是全年制造费用的实际发生额与计划分配额的差额，一般应在年末按照 12 月份各种产品负担的制造费用额的比例调整计入 12 月份的产品成本。情景 2-20 中，制造费用账户在年末出现了借方余额 304 元，应做如下调整：

制造费用差异额分配率 =304÷（8 976+8 160）=0.018（元）

泡菜类分配制造费用差异额 =8 976×0.018=161.57（元）

酸菜类分配制造费用差异额 =304-161.57=142.43（元）

编制的调整会计分录如下：

借：生产成本——基本生产成本——泡菜类　　161.57

　　　　　　　　　　　　——酸菜类　　142.43

　　贷：制造费用　　　　　　　　　　　　　　　　　304

上例中制造费用实际发生额大于计划分配额，借记"生产成本——基本生产成本"账户，贷记"制造费用"账户；如果制造费用实际发生额小于计划分配额，则用红字冲减，或者借记"制造费用"账户，贷记"生产成本——基本生产成本"账户。

在上述制造费用分配的四种方法中，由于生产工时是分配间接费用的常用标准之一，因此，生产工人工时比例法较为常用；生产工人工资比例分配法适用于各种产品生产机械化程度相差不多的企业，如果生产工人工资是按生产工时比例分配，该方法实际上等同于生产工人工时比例法；机器工时比例法是按照各产品生产所用机器设备运转时间的比例分配制造费用的方法，适用于产品生产的机械化程度较高的车间；按年度计划分配率分配法是按照年度开始前确定的全年度适用的计划分配率分配费用的方法，核算工作简便，特别适用于季节性生产的车间，因为它不受淡月和旺月产量悬殊的影响，从而不会使各月单位产品成本中制造费用忽高忽低，便于进行成本分析。但是，采用这种分配方法要求计划工作水平较高，否则会影响产品成本计算的正确性。

2.7　废品损失和停工损失的核算

cfo 告诉你

　　废品损失和停工损失在生产过程中是不可避免的，财务人员应掌握对废品损失和停工损失的核算。

关键术语

废品

废品损失

原材料

其他应收款

2.7.1 废品损失的核算

生产中的废品是指不符合规定的技术标准，不能按照原定用途使用，或者需要加工修理后才能使用的在产品、半成品和产成品。包括生产过程中发现的废品和入库后发现的废品。废品按其废损程度和修复价值，可分为可修复废品和不可修复废品两种。可修复废品是指技术上、工艺上可以修复，而且所支付的修复费用在经济上划算的废品。不可修复废品是指技术上、工艺上不可修复，或者虽然在技术上、工艺上可修复，但所支付的修复费用在经济上不划算的废品。

废品损失是指在生产过程中发生的和入库后发现的不可修复废品的生产成本，以及可修复废品的修复费用扣除回收的废品残料价值和应收赔款以后的损失。经质量检验部门鉴定不需要返修、可以降价出售的不合格品，以及产品入库后由于保管不善等原因而损坏变质的产品和实行"三包"企业在产品出售后发现的废品均不包括在废品损失内。为单独核算废品损失，应增设"废品损失"账户，在成本项目中增设"废品损失"项目。废品损失也可不单独核算，相应费用体现在"基本生产成本""原材料"等账户中。辅助生产一般不单独核算废品损失。

（一）可修复废品损失的归集和分配

可修复废品返修以前发生的生产费用不是废品损失，不需要计算其生产成本，而应留在"基本生产成本"账户和所属有关产品成本明细账中，不需要转出。返修发生的各种费用应根据各种费用分配表，记入"废品损失"账户的借方。其回收的残料价值和应收的赔款应从"废品损失"账户贷方分别转入"原材料"和"其他应收款"账户的借方。结转后"废品损失"的借方反映的是归集的可修复损失成本，应转入"基本生产成本"账户的借方。

【情景2-21】华信机械股份有限公司某车间生产电机，本月发生可修复废品5台，经修理合格验收入库，根据有关要素费用分配表提供的资料，在修复过程中消耗原材料820元，分配职工薪酬580元，分配制造费用360元。按规定，本月发生的5台废品应由过失人王启蒙赔偿200元。根据上述资料编制会计分录如下：

① 领用原材料时：

借：废品损失——电机　　　　　　　　　820

　　贷：原材料　　　　　　　　　　　　　　　　　820

② 分配职工薪酬时：

借：废品损失——电机　　　　　　　　　580

　　贷：应付职工薪酬　　　　　　　　　　　　　　580

③ 分配制造费用时：

借：废品损失——电机　　　　　　　　　360

　　贷：制造费用　　　　　　　　　　　　　　　　360

④ 结转赔偿款时：

借：其他应收款——王启蒙　　　　　　　200

　　贷：废品损失——电机　　　　　　　　　　　　200

⑤ 结转可修复废品的净损失时：

废品净损失 =820+580+360-200=1 560（元）

借：生产成本——基本生产成本——电机（废品损失）　　　1 560

　　贷：废品损失——电机　　　　　　　　　　　　　　　　　　　　1 560

（二）不可修复废品损失的归集和分配

1. 不可修复废品损失的核算程序

根据废品损失的核算要求，将废品损失的归集与分配的一般程序归纳如下。

（1）计算并结转不可修复废品成本。为了归集和分配不可修复的废品损失，必须计算废品的成本，并编制废品损失计算表。废品成本是指生产过程中截至报废时的所有耗费和支出。计算出不可修复废品成本之后，将其从"生产成本——基本生产成本"账户转入"废品损失"账户。

（2）结转不可修复废品的残料及赔偿款。不可修复废品报废时会有残料估价入账，当残料入库时，应做如下会计分录：

借：原材料

　　贷：废品损失

如果废品是由责任人造成的，按规定由责任人赔偿时，应做如下会计分录：

借：其他应收款

　　贷：废品损失

（3）计算并结转不可修复废品的净损失。不可修复废品发生后，即可计算不可修复废品的净损失：

废品净损失 = 废品生产成本残料价值赔偿款

将废品净损失转入所生产的同种产品的生产成本账户，由合格产品成本负担废品的净损失，会计分录如下：

借：生产成本——基本生产成本——×产品（废品损失）

　　贷：废品损失

不可修复废品损失的核算程序如图 2-4 所示。

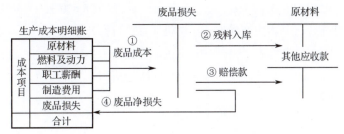

图 2-4　不可修复废品损失的核算程序

2. 不可修复废品损失的账务处理

不可修复废品损失的生产成本可按废品所耗实际费用核算，也可按废品所耗定额费用核算。

（1）按废品所耗实际费用核算。废品损失采用按废品所耗实际费用计算时，要将废品报废前与合格品在一起计算的各项费用，采用适当的分配方法（见在产品和产成品之间成本的分配）在合格品与废品之间进行分配，计算出废品的实际成本，从"基本生产成本"账户贷方转入"废品损失"账户借方。如果废品是在完工以后发现的，单位废品负担的各项生产费用应与单位合格产品完全相同，可按合格品产量和废品的数量比例分配各项生产费用，计算废品的实际成本。

【情景 2-22】华信机械股份有限公司某车间 2018 年 9 月，生产电机 200 台，经验收入库发现不可修复废品 5 台，合格品 195 件，合格品生产工时为 3 860 小时，废品工时为 100 小时，全部生产工时为 3 960 小时。电机基本生产成本明细账所列合格品和废品的全部生产成本为：原材料 160 520 元，职工薪酬 100 200 元，制造费用 82 250 元，共计 342 970 元。产生的废品按规定由过失人王启蒙赔偿 500 元，废品残料作价 600 元入原材料库。按所耗实际成本计算废品的生产成本，原材料是生产开始时一次投入的（说明一件废品和一件合格产品所耗费的原材料成本是相同的），所以原材料项目的成本按合格品数量和废品数量的比例分配；其他项目的成本按生产工时比例分配。根据上述资料，编制"不可修复废品损失计算表"如表 2-26 所示。

表 2-26　不可修复废品损失计算表
2018 年 9 月 30 日
单位：元

产品名称		原材料	职工薪酬	制造费用	合计
合格品和废品总成本		160 520.00	100 200.00	82 250.00	342 970.00
分配标准合计		200	3 960	3 960	
成本分配率		802.60	25.30	20.77	
废品	分配标准	5	100	100	
	成本	4 013.00	2 530.30	2 077.00	8 620.30
合格品	分配标准	195	3 860	3 860	
	成本	156 507.00	97 669.70	80 173.00	334 349.70

审核　宋晓军　　　　　　　　　　　　　　　　　　　　　制表　张艳明

根据表 2-26 所示，以及例题中的其他有关资料，编制分配结转废品损失的会计分录如下：

① 结转废品成本（实际成本）：

借：废品损失——电机　　　　　　　　　　　8 620.3
　　贷：生产成本——基本生产成本——电机（直接材料）　　　4 013
　　　　　　　　　　　　　　　——电机（直接人工）　　　　2 530.3
　　　　　　　　　　　　　　　——电机（制造费用）　　　　2 077

② 回收废品残料入库价值：

借：原材料　　　　　　　　　　　　　　　　600
　　贷：废品损失——电机　　　　　　　　　　　　　　　　600

③ 结转过失人赔偿款：

借：其他应收款——王启蒙　　　　　　　　　500
　　贷：废品损失——电机　　　　　　　　　　　　　　　　500

④ 结转不可修复废品的净损失：

废品净损失 =8 620.3-600-500=7 520.3（元）

借：生产成本——基本生产成本——电机（废品损失）　　　7 520.3

　　贷：废品损失——电机　　　　　　　　　　　　　　　　　　　　7 520.3

在完工以后发现废品，其单位废品负担的各项生产费用应与该单位合格品完全相同，可按合格品产量和废品的数量比例分配各项生产费用，计算废品的实际成本。按废品的实际成本计算和分配废品损失，这种做法比较符合实际，但核算工作量较大。

（2）按废品所耗定额费用核算。废品损失采用按废品所耗定额费用计算不可修复废品成本时，废品的生产成本是按废品数量和各项费用定额计算的，不需要考虑废品实际发生的生产费用。

【情景2-23】华信烘焙厂某车间2018年9月生产的面包糠，验收入库时发现不可修复废品20袋，按所耗定额成本计算废品的生产成本。单位产品原材料定额为22元，已完成工时定额总计为220小时。每小时成本定额为：职工薪酬10元、制造费用8元。回收废品残值100元。编制"不可修复废品损失计算表"如表2-27所示。

表2-27　不可修复废品损失计算表

2018年9月30日　　　　　　　　　　　　　　　　　　　　　　单位：元

项目	废品数量（袋）	原材料	职工薪酬	制造费用	合计
单位产品成本定额		22.00	10.00	8.00	40.00
废品定额成本	20	440.00	200.00	160.00	800.00
减：残料价值		100.00			
废品损失		340.00	200.00	160.00	700.00

审核　周正华　　　　　　　　　　　　　　　　　　　　　制表　冯玉婷

根据表2-27编制分配结转废品损失的会计分录如下：

① 结转废品成本（定额成本）：

借：废品损失——面包糠　　　　　　　　　　800

　　贷：生产成本——基本生产成本——面包糠（直接材料）　　　440

　　　　　　　　　　　　　——面包糠（直接人工）　　　　　　200

　　　　　　　　　　　　　——面包糠（制造费用）　　　　　　160

② 回收废品残料入库价值：

借：原材料　　　　　　　　　　100

　　贷：废品损失——面包糠　　　　　　　100

③ 结转不可修复废品的净损失：

借：生产成本——基本生产成本——面包糠（废品损失）　　　700

　　贷：废品损失——面包糠　　　　　　　　　　　　　　　　　700

采用按废品所耗定额费用计算废品成本和废品损失的方法，核算工作比较简便，有利于考核和分析废品损失和产品成本，但必须具备比较准确的定额成本资料，否则会影响成本计算的正确性。

2.7.2 停工损失的归集和分配

停工损失是指生产车间或车间内某个班组在停工期间发生的各项费用，包括停工期间发生的原材料费用、人工费用和制造费用等。应由过失单位或保险公司负担的赔款也应从停工损失中扣除。不满一个工作日的停工一般不记入停工损失。

1. 单独核算停工损失

单独核算停工损失的企业，应增设"停工损失"账户，在成本项目中增设"停工损失"项目，根据停工报告单和各种费用分配表、分配汇总表等有关凭证，将停工期内发生、应列为停工损失的费用记入"停工损失"账户的借方进行归集；应由过失单位及过失人员或保险公司负担的赔款，应从该账户的贷方转入"其他应收款"等账户的借方。期末，将停工净损失从该账户贷方转出，属于自然灾害部分转入"营业外支出"账户的借方；应由本月产品成本负担的部分，则转入"基本生产成本"账户的借方，在停工的车间生产多种产品时，还要采用合理的分配标准，分配记入该车间各产品成本明细账停工损失成本项目。"停工损失"账户月末无余额。为了简化核算工作，辅助生产车间一般不单独核算停工损失。不单独核算停工损失的企业，不设"停工损失"会计账户和"停工损失"成本项目。停工期间发生的属于停工损失的各项费用，分别记入"制造费用"和"营业外支出"等账户。

【情景2-24】华信酱菜加工厂第一车间工人刘韩轩因操作不当，使设备发生故障而停工2天。

（1）月末各种费用分配表列明第一车间的停工损失费用为7 000元。其中：辅助生产修理费3 000元、人工费用2 800元、制造费用1 200元。做会计分录如下：

借：停工损失——第一车间　　　　　　　7 000
　　贷：生产成本——辅助生产成本——修理车间　3 000
　　　　应付职工薪酬　　　　　　　　　2 800
　　　　制造费用　　　　　　　　　　　1 200

（2）领导批复决定，由违章操作的工人刘韩轩赔偿停工损失的25%。做会计分录如下：

借：其他应收款——刘韩轩　　　　　　　1 750
　　贷：停工损失——第一车间　　　　　　1 750

（3）第一车间生产泡菜类和酸菜类两种产品，泡菜类产品消耗2 650小时，酸菜类产品消耗2 350小时，分配本月份停工损失。

分配率 =5 250÷（2 650+2 350）=1.05（元/小时）

做会计分录如下：

借：生产成本——基本生产成本——泡菜类（停工损失）　2 782.5
　　　　　　　　　　　　　——酸菜类（停工损失）　2 467.5
　　贷：停工损失——第一车间　　　　　　　　　　　　5 250

2. 不单独核算停工损失

不单独核算停工损失的企业，不设立"停工损失"账户，直接反映在"制造费用"和"营业外支出"等账户中。辅助生产一般不单独核算停工损失。

2.8 生产费用在完工产品和月末在产品之间分配

cfo 告诉你

成本核算的第二大步骤是生产费用在完工产品和月末在产品之间分配，财务人员应当掌握生产费用在完工产品和月末在产品之间分配的方法。

关键术语

在产品

在产品台账

不计算在产品成本法

固定成本计价法

直接材料成本计价法

约当产量比例法

定额成本计价法

定额比例法

2.8.1 在产品数量的核算

在产品是指没有完成全部生产过程、不能作为商品销售的产品，包括正在车间加工中的在产品（包括正在返修的废品）和已经完成一个或几个生产步骤但还需要继续加工的半成品（包括未经验收入库的产品和等待返修的废品）两部分。不包括对外销售的自制半成品。

核算在产品数量，需要完成两项工作：一是在产品收发结存的日常核算，二是在产品清查的核算。做好这两项工作便可以随时掌握在产品的动态，了解在产品的数量有利于正确计算产品成本，以保证企业资金和财产安全。

在产品与完工产品的关系为：

本月完工产品成本 = 本月发生成本 + 月初在产品成本 − 月末在产品成本

1. 在产品日常收发结存的核算

在产品收发结存的日常核算通常是通过设置在产品收发结存账（也称在产品台账）进行核算

的，该账应区分车间并按产品品种和在产品的名称（如零件、部件的名称）设置，以便用来反映各种在产品的收入、发出、结存的数量。“在产品台账”应根据在产品内部转移凭证、废品返修单、产品检验凭证及产成品、自制半成品的交库单等进行登记，最后由车间核算人员审核汇总。在产品收发结存账的格式如图 2-5 所示。

在产品收发结存账

车间名称：
产品名称：　　　　　　　　　　　　　　　　单位：

日期	摘要	收入		转出			结存	
		凭证号	数量	凭证号	合格品	废品	完工	未完工
合　计								

图 2-5　在产品收发结存账的格式

2. 在产品定期盘点清查的核算

在产品收发结存账是控制在产品动态的业务核算账簿，由于管理及其他原因，实物账的结存数量与实际数量可能出现不一致。因此，为了核实在产品数量，必须对在产品进行定期或不定期的清查盘点。在产品清查后，应根据盘点结果编制在产品盘存表，并与在产品收发结存账进行核对，如有不符应填写在产品盘点报告单，说明盘盈、盘亏的数量及原因，并报经批准，以便领导及时处理。

对清查的结果应做如下会计处理：

（1）在产品发生盘盈时：

借：基本生产成本

　　贷：待处理财产损溢－待处理流动资产损溢

经批准转销时，冲减制造费用：

借：待处理财产损溢－待处理流动资产损溢

　　贷：制造费用

（2）发生在产品盘亏和毁损时：

借：待处理财产损溢－待处理流动资产损溢

　　贷：基本生产成本

经批准核销时，应根据不同的原因和责任分别予以处理。相应的会计分录如下：

借：原材料（毁损的存产品残值）

　　其他应收款（由过失人或保险公司赔偿的损失）

　　营业外支出（由意外灾害造成的非常损失）

　　制造费用（计量、收发错误造成的盘亏）

　　贷：待处理财产损溢——待处理流动资产损溢

【情景 2-25】华信酱菜加工厂 2018 年 6 月末基本生产车间在产品清查结果为：泡菜类的在产品盘盈 10 千克，单位定额成本 10 元；酸菜类的在产品盘亏 5 千克，单位定额成本 8 元，应由过失人赔款 20 元；酱菜类的在产品毁损 20 千克，单位定额成本 12 元，残料入库作价 20 元。酱菜类在产品的毁损是由自然灾害造成的，应由保险公司赔偿 150 元（款项尚未收到），其余损失计入营业外支出。上述清查结果都已经批准转账。

（1）在产品盘盈的核算。

① 盘盈时：

借：基本生产成本——泡菜类   100

    贷：待处理财产损溢——待处理流动资产损溢   100

② 批准后转账：

借：待处理财产损溢——待处理流动资产损溢   100

    贷：管理费用   100

（2）在产品盘亏的核算。

① 盘亏时：

借：待处理财产损溢——待处理流动资产损溢   40

    贷：基本生产成本——酸菜类   40

② 批准后转账：

借：其他应收款   20

    管理费用   20

    贷：待处理财产损溢——待处理流动资产损溢   40

（3）在产品毁损的核算。

① 毁损转账：

借：待处理财产损溢——待处理流动资产损溢   240

    贷：基本生产成本——酱菜类   240

② 残料入库：

借：原材料   20

    贷：待处理财产损溢——待处理流动资产损溢   20

③ 批准后转账：

借：其他应收款   150

    营业外支出   70

    贷：待处理财产损溢——待处理流动资产损溢   220

库存半成品和辅助生产的在产品数量和清查的核算与基本生产基本相同。

2.8.2 生产费用在完工产品和在产品之间的分配方法

根据在产品与完工产品的关系，结合生产特点，企业应当根据在产品数量的多少、各月在产品数量变化的大小、各项成本比重的大小，以及定额管理基础的好坏等具体条件，采用适当的分配方法将生产费用在完工产品和在产品之间进行分配。常用的分配方法有：不计算在产品成本法、在产品按固定成本计价法、在产品按所耗直接材料成本计价法、约当产量比例法、在产品按定额成本计价法、定额比例法等。

1. 不计算在产品成本法

不计算成本法是指虽然月末有结存的在产品，但月末在产品数量很少，价值很低，且各月在产品数量比较稳定，从而可对月末在产品成本忽略不计的一种分配方法。

在这种方法下，算不算在产品成本对完工产品成本的影响很小，为了简化核算工作，可以不计算月末在产品成本。

【情景2-26】华信食品股份有限公司2018年8月生产完工面包500箱，因为在产品数量很少，所以采用不计算在产品成本法计算本月完工产品成本。对各种要素费用、辅助生产费用、制造费用进行归集与分配之后编制的"基本生产成本明细分类账"如图2-6所示。

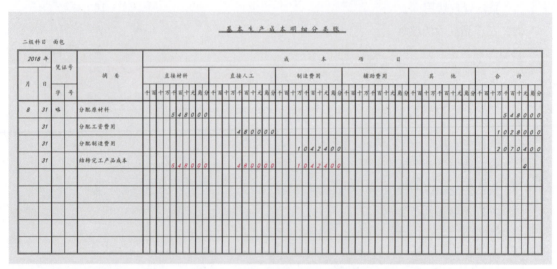

图2-6　基本生产成本明细分类账

采用不计算在产品成本法计算本月完工产品成本，并编制"产品成本计算单"，如表2-28所示。

表2-28　产品成本计算单

产品名称：面包　　　　　　　2018年8月31日　　　　　　　单位：元

摘要	直接材料	直接人工	制造费用	合计
月初在产品成本	—	—	—	—
本月生产费用	5 480.00	4 800.00	10 424.00	20 704.00
合计	5 480.00	4 800.00	10 424.00	20 704.00
完工产品成本	5 480.00	4 800.00	10 424.00	20 704.00
单位成本	10.96	9.60	20.85	41.41
月末在产品成本	—	—	—	—

审核　李海洋　　　　　　　　　　　　　　　　　制表　王　涛

2. 在产品按固定成本计价法

在产品按固定成本计价法是指按年初数固定计算在产品成本的一种方法，即各月在产品成本均按年初在产品成本计价。

采用在产品按固定成本计价法，各月末在产品的成本固定不变，某种产品本月发生的生产成本就是本月完工产品的成本。但在年末，在产品成本不应再按固定不变的金额计价，否则会使按固定金额计价的在产品成本与其实际成本有较大差异，影响产品成本计算的正确性。因而在年末，应当根据实际盘点的在产品数量，具体计算在产品成本，据以计算 12 月份产品成本。该种分配方法的特点是各月末（月初、月末）在产品的成本固定不变，导致本月完工产品成本与本月发生成本相等，因而简化了成本计算工作，但当各月的在产品数量出现波动时，会影响成本计算的正确性，所以，这种方法一般适用于月末在产品数量较多，但各月变化不大的产品或月末在产品数量很小的产品。如炼铁厂、化工厂或其他有固定容器装置的在产品，数量都较稳定，可以采用这种分配方法。

【情景 2-27】华信食品股份有限公司 2018 年 8 月生产完工蛋糕 460 箱，因为在产品数量各月变化不大，所以采用按年初数固定计算在产品成本法计算本月完工产品成本和月末在产品成本。该企业 8 月初在产品成本为 8 210 元，其中：原材料 2 680 元，职工薪酬 4 210 元，制造费用 1 320 元。对各种要素费用、辅助生产费用、制造费用进行归集与分配之后编制的"基本生产成本明细分类账"如图 2-7 所示。

基本生产成本明细分类账

二级科目 蛋糕

2018年 月	日	凭证号 字	号	摘要	直接材料	直接人工	制造费用	辅助费用	其他	合计
8	1	略		期初余额	2680.00	4210.00	1320.00			8210.00
	31			分配原材料	7170.00					15380.00
	31			分配工资费用		4320.00				19700.00
	31			分配制造费用			9381.60			29081.60
	31			结转完工产品成本	7170.00	4320.00	9381.60			8210.00

图 2-7　基本生产成本明细分类账

采用在产品按固定成本计价法计算本月完工产品成本和月末在产品成本，编制"产品成本计算单"，如表 2-29 所示。

表 2-29　产品成本计算单

产品名称：蛋糕　　　　　　　　　　　2018 年 8 月 31 日　　　　　　　　　　　单位：元

摘要	直接材料	直接人工	制造费用	合计
月初在产品成本	2 680.00	4 210.00	1 320.00	8 210.00
本月生产费用	7 170.00	4 320.00	9 381.60	20 871.60
合计	7 170.00	4 320.00	9 381.60	20 871.60
完工产品成本	7 170.00	4 320.00	9 381.60	20 871.60
单位成本	15.59	9.39	20.39	45.37
月末在产品成本	2 680.00	4 210.00	1 320.00	8 210.00

审核　李海洋　　　　　　　　　　　　　　　　　　　　　　　　　　制表　王　涛

3. 在产品按所耗直接材料成本计价法

在产品按所耗直接材料成本计价法指月末在产品只计算其所消耗的直接材料成本，不计算直接人工等加工费用，即产品的直接材料成本（月初在产品的直接材料成本与本月发生的直接材料成本之和）需要在完工产品和月末在产品之间进行分配。而生产产品本月发生的加工成本全部由完工产品成本负担。

这种方法适用于各月月末在产品数量较多、各月在产品数量变化也较大、直接材料成本在生产成本中所占比重较大且材料在生产开始时一次就全部投入的产品。如造纸、酿酒等行业的产品，原材料成本占产品成本比重较大，就可以采用这种分配方法。

【情景 2-28】华信食品股份有限公司 2018 年 8 月生产完工蛋挞 420 盒，在产品 10 盒，原材料是在生产开始时一次投入的（一件完工产品和一件在产品所耗的原材料是相同的），因为该产品原材料成本在产品成本中所占比重较大，所以采用在产品成本按所耗原材料成本计算法计算本月完工产品成本和月末在产品成本。这种方法一般按完工产品和在产品的数量比例分配原材料成本。对各种要素费用、制造费用进行归集与分配之后编制的"基本生产成本明细分类账"如图 2-8 所示。

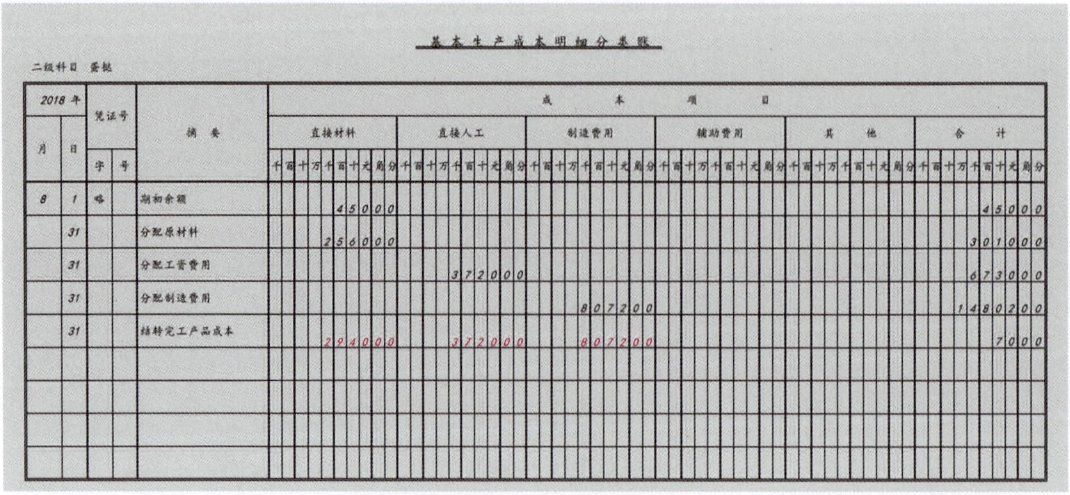

图 2-8　基本生产成本明细分类账

采用在产品成本按所耗直接材料成本计算法计算本月完工产品成本和在产品成本，编制"产品成本计算单"，如表 2-30 所示。

表 2-30　产品成本计算单

产品名称：蛋挞　　　　　　　　　　　　2018 年 8 月 31 日　　　　　　　　　　　　单位：元

摘要	直接材料	直接人工	制造费用	合计
月初在产品成本	450.00	—	—	450.00
本月生产费用	2 560.00	3 720.00	8 072.00	14 352.00
合计	3 010.00	3 720.00	8 072.00	14 802.00
完工产品成本	2 940.00	3 720.00	8 072.00	14 732.00
单位成本	7.00	8.86	19.22	35.08
月末在产品成本	70.00	—	—	70.00

审核　李海洋　　　　　　　　　　　　　　　　　　　　　　　　　　制表　王　涛

4. 约当产量比例法

约当产量比例法将月末在产品数量按其完工程度折算为相当于完工产品的产量，即约当产量，然后将产品应负担的全部成本按照完工产品产量与月末在产品约当产量的比例分配计算完工产品成本和月末在产品成本。

这种方法适用于产品数量较多，各月在产品数量变化也较大，且生产成本中直接材料成本和直接人工等加工成本的比重相差不大的产品。其基本计算公式为：

在产品约当产量 = 在产品数量 × 完工百分比（完工率）

某项费用分配率 = 该项费用总额 ÷（完工产品数量 + 在产品约当产量）

完工产品该项费用 = 完工产品数量 × 费用分配率

在产品该项费用 = 在产品约当产量 × 费用分配率

　　　　　　　　= 费用总额 − 完工产品费用

【情景 2-29】华信烘焙厂生产面包糠，本月完工 400 袋，月末在产品 50 袋，本月生产费用为：直接材料费用为 2 150 元，直接人工费用为 1 300 元，制造费用为 850 元。直接材料是在生产开始时一次投入，分配各项加工费用、计算约当产量所依据的完工率均为 60%。直接材料费用按照完工产品和月末在产品数量比例分配，各项加工费用按照完工产品数量和月末在产品约当产量的比例分配。分配计算如下。

（1）计算月末在产品约当产量：

月末在产品约当产量 =50×60%=30（袋）

（2）直接材料费用分配：

直接材料费用分配率 =2 150÷（400+50）=4.78（元/袋）

完工产品直接材料费用 =400×4.78=1 912（元）

在产品直接材料费用 =2 150−1 912=238（元）

（3）直接人工费用分配：

直接人工费用分配率 =1 300÷（400+30）=3.02（元/袋）

完工产品直接人工费用 =400×3.02=1 208（元）

在产品直接人工费用 =1 300-1 208=92(元)

（4）制造费用分配：

制造费用分配率 =850÷（400+30）=1.98（元/袋）

完工产品制造费用 =400×1.98=792（元）

在产品制造费用 =850-792=58（元）

（5）计算完工产品和在产品成本：

完工产品成本 =1 912+1 208+792=3 912（元）

在产品成本 =238+92+58=388（元）

采用约当产量比例法时，在产品完工程度的测定是否合理对于费用分配的正确性有着决定性的影响。因此，采用约当产量比例法时，一般可以按照生产工时投入情况来确定在产品的加工进度（即完工程度），从而计算约当产量，分配各项加工费用。在实际工作中，产品加工情况和直接材料投入千差万别，需要根据具体情况分别计算投料程度和完工程度。下面介绍投料程度和完工程度的确定方法。

① 投料程度的确定。

直接材料费用项目约当产量的确定取决于产品生产过程中的投料程度，而投料程度与投料方式有关。在生产过程中，材料投入形式通常有两种：在生产开始时一次投入和在生产过程中随加工程度陆续投入。如果材料投入的程度与加工进度完全一致或基本一致，则分配直接材料费用可以采用分配加工费用时的完工率。如果投料程度与加工进度不一致，则应按工序分别确定各工序在产品的投料率。一般以各工序的直接材料消耗定额为依据，投料程度按完成本工序投料的 50%折算。

【情景 2-30】2018 年 8 月，华信腐乳加工厂生产的豆豉须经两道工序制成，直接材料消耗定额为 300 千克，第一道工序直接材料消耗定额为 220 千克，第二道工序直接材料消耗定额为 80千克。月末在产品数量：第一道工序为 60 罐，第二道工序为 45 罐。完工产品为 500 罐，月初在产品和本月发生的直接材料费用共计 2 720 元。在产品原材料项目投料程度及约当产量计算表如表 2-31 所示。

第一道工序完工率 =（220×50%）÷300×100%=36.67%

第二道工序完工率 =（220+80×50%）÷300×100%=86.67%

第一道工序在产品约当产量 =60×36.67%=22（罐）

第二道工序在产品约当产量 =45×86.67%=39（罐）

表 2-31　在产品原材料项目投料程度及约当产量计算表　　　　　　金额单位：罐

工序	本工序直接材料消耗定额（千克）	完工率（投料率）	在产品约当产量	完工产品	合计
1	220	36.67%	22	—	—
2	80	86.67%	39	—	—
合计	300	—	61	500	561

直接材料是在每道工序随加工进度陆续分次投料，因此每道工序投料程度按 50% 折算。

直接材料费用分配率 =2 720÷（500+61）=4.85（元/袋）

完工产品分配直接材料费用 =500×4.85=2 425（元）

月末在产品分配直接材料费用 =2 720−2 425=295（元）

直接材料随加工进度分工序投入，但对每一道工序来说则是在开始时一次投入，即在确定各工序的投料率时，应以各工序的直接材料消耗定额为依据，投料程度按完成本工序投料的 100% 计算。

【情景 2-31】承【情景 2-30】，但直接材料在各工序开始时一次投入。各工序月末在产品的约当产量及其总数，如表 2-32 所示。

第一道工序完工率 =220÷300×100%=73%

第二道工序完工率 =（220+80）÷300×100%=100%

第一道工序在产品约当产量 =60×73%=43.8（罐）

第二道工序在产品约当产量 =45×100%=45（罐）

表 2-32 在产品原材料项目投料程度及约当产量计算表 单位：罐

工序	本工序直接材料消耗定额（千克）	完工率（投料率）	在产品约当产量	完工产品产量	合计
1	220	73%	43.8	—	—
2	80	100%	45	—	—
合计	300	—	88.8	500	588.8

由于直接材料是在每道工序一开始就投入的，在同一工序中各件在产品直接材料的消耗定额，就是该工序的消耗定额，不应按 50% 折算，最后一道工序在产品的消耗定额为完工产品的消耗定额，完工率为 100%。

直接材料费用分配率 =2 720÷（500+88.8）=4.62（元/罐）

完工产品分配直接材料费用 =500×4.62=2 310（元）

月末在产品分配直接材料费用 =2 720−2 310=410（元）

② 完工程度的计算与费用分配。

测定在产品完工程度的方法一般有两种：

一是平均计算，即一律按 50% 作为各工序在产品的完工程度。

二是各工序分别测定完工率。为了保证成本计算的准确性，加速成本的计算工作，可以按照各工序的累计工时定额占完工产品工时定额的比率计算，事前确定各工序在产品的完工率。计算公式如下：

某工序在产品完工率 = 前面各工序工时定额之和 + 本工序工时定额 ×50%÷ 产品工时定额

公式中的"本工序"，即在产品所在工序，其工时定额乘以 50%，是因为该工序中各件在产品的完工程度不同，为了简化完工率的测算工作，在产品所在工序的加工程度一律按平均完工率的 50% 计算。在产品从上一道工序转入下一道工序时，因上一道工序已经完工，所以前面各道工序的工时定额应按 100% 计算。

【情景 2-32】2018 年 8 月，华信调料加工厂生产的味精单位工时定额 8 小时，经过三道工序制成。第一道工序工时定额为 4 小时，第二道工序工时定额为 3 小时，第三道工序工时定额为 1 小时。各道工序内各件在产品加工程度均按 50% 计算。各工序完工率计算如下：

第一道工序完工率 =4×50%÷（8×100%）=25%

第二道工序完工率 =（4+3×50%）÷（8×100%）=68.75%

第三道工序完工率 =（4+3+1×50%）÷（8×100%）=93.75%

【情景 2-33】承【情景 2-32】，计划味精本月完工 450 千克。第一道工序的在产品 50 千克，第二道工序的在产品 30 千克，第三道工序的在产品 10 千克。根据各工序月末在产品的数量和各工序的完工率，各工序月末在产品的约当产量及其总数如表 2-33 所示。

表 2-33　约当产量计算表

产品名称：味精　　　　　　　　　　　　2018 年 9 月 30 日　　　　　　　　　　　单位：千克

在产品所在工序	完工率	在产品数量		完工产品产量	产量合计
		结存量	约当产量		
1	25%	50	12.5		
2	68.75%	30	20.63		
3	93.75%	10	9.38		
合计	—	90	42.51	450	492.51

假定味精月初加本月发生的加工费用为：直接人工 2 020 元；　制造费用 1 060 元。

完工产品与月末在产品加工费用的分配计算如下。

（1）直接人工的分配：

直接人工费用分配率 =2 020÷（42.51+450）=4.1（元/千克）

完工产品分配直接人工费用 =450×4.1=1 845（元）

月末在产品分配直接人工费用 =2 020-1 845=175（元）

（2）制造费用的分配：

制造费用分配率 =1 060÷（42.51+450）=2.15（元/千克）

完工产品分配制造费用 =450×2.15=967.5（元）

月末在产品分配制造费用 =1 060-967.5=92.5（元）

5. 在产品按定额成本计价法

定额成本计价法月末在产品成本按定额成本计算，该种产品的全部成本减去按定额成本计算的月末在产品成本，余额作为完工产品成本这种方法适用于各项消耗定额或成本定额比较准确、稳定，而且各月末在产品数量变化不是很大的产品。

这种方法的计算公式为：

月末在产品成本 = 月末在产品数量 × 在产品单位定额成本

完工产品总成本 =（月初在产品成本 + 本月发生生产成本）- 月末在产品成本

完工成品单位成本 = 完工产品总成本 ÷ 产成品产量

【情景2-34】2018年8月，华信烘焙厂生产的面包糠月末完工450袋，月末在产品20袋，面包糠在生产开始时一次投入，单位工时定额为4小时，直接材料单位定额费用为12元，直接人工的单位定额费用为10元，制造费用定额6元。据以编制成本计算单，如表2-34所示。

表2-34　成本计算单

产品名称：面包糠　　　　　　　　　2018年8月31日　　　　　　　　　单位：元

摘要	直接材料	直接人工	制造费用	合计
月初在产品成本	1 650.00	1 450.00	820.00	3 920.00
本月生产费用	3 860.00	2 680.00	2 260.00	8 800.00
合计	5 510.00	4 130.00	3 080.00	12 720.00
完工产品成本	5 270.00	3 930.00	2 960.00	12 160.00
单位成本	11.71	8.73	6.58	27.02
月末在产品成本	240.00	200.00	120.00	560.00

审核　周正华　　　　　　　　　　　　　　　　　　　制表　冯玉婷

（1）在产品定额成本：

直接材料定额成本=20×12=240（元）

直接人工定额成本=20×10=200（元）

制造费用定额成本=20×6=120（元）

（2）完工产品成本：

直接材料成本=1 650+3 860-240=5 270（元）

直接人工成本=1 450+2 680-200=3 930（元）

制造费用成本=820+2 260-120=2 960（元）

6. 定额比例法

定额比例法产品的生产成本在完工产品和月末在产品之间按照两者的定额消耗量或定额成本比例分配。这种方法适用于各项消耗定额或成本定额比较准确、稳定，但各月末在产品数量变动较大的产品。因为这种方法将每月实际生产成本脱离定额成本的差异在完工产品与月末在产品之间按比例进行了分配，所以，与在产品按定额成本计价法比较，定额比例法提高了产品成本计算的准确性。

定额比例法的计算公式为：

完工产品总成本=各成本项目完工产品成本之和

　　　　　　　　=该成本项目成本累计数-该成本项目完工产品成本

为使完工产品单位成本能够除尽且保留两位小数，一般按下面这个算式计算月末在产品成本。

月末在产品总成本=各成本项目月末在产品成本之和

【情景2-35】华信啤酒股份有限公司生产啤酒，2018年8月1日，期初在产品成本为6 620元，其中直接材料3 460元，直接人工1 680元，制造费用1 480元。本月份发生的生产费用为36 880元，其中直接材料20 820元，直接人工8 340元，制造费用7 720元。月末完工产品400箱，单位产品的原材料定额费用为 18 元,定额工时为 6 小时,月末在产品 40 箱,单位产品的原材料定额费用为 18 元,定额工时为 4 小时。

(1)分别计算完工产品与月末在产品的原材料定额成本和定额工时:

完工产品直接材料定额成本 =400×18=7 200(元)

月末在产品直接材料定额成本 =40×18=720(元)

完工产品定额工时 =400×6=2 400(小时)

月末在产品定额工时 =40×4=160(小时)

(2)分别计算各成本项目的费用分配率:

直接材料费用分配率 =(3 460+20 820)÷(7 200+720)=3.07

直接人工分配率 =(1 680+8 340)÷(2 400+160)=3.91(元/小时)

制造费用分配率 =(1 480+7 720)÷(2 400+160)=3.59(元/小时)

据以编制成本计算单如表 2-35 所示。

表 2-35 成本计算单[①]

产品名称:啤酒　　　　　　　　　　　2018 年 8 月 31 日　　　　　　　　　　　金额单位:元

摘要		直接材料	直接人工	制造费用	合计
月初在产品成本		3 460.00	1 680.00	1 480.00	6 620.00
本月生产费用		20 820.00	8 340.00	7 720.00	36 880.00
合计		24 280.00	10 020.00	9 200.00	43 500.00
费用分配率(元/小时)		3.07	3.91	3.59	—
完工产品成本	定额	7 200.00	2 400	2 400	—
	实际成本	22 104.00	9 384.00	8 616.00	40 104.00
月末在产品成本	定额	720.00	160	160	—
	实际成本	2 176.00	636.00	584.00	3 396.00

审核 张建宇　　　　　　　　　　　　　　　　　制表 孙华媛

采用定额比例法分配完工产品与月末在产品费用,分配结果比较准确,同时还便于将实际费用与定额费用进行比较,考核和分析定额的执行情况。

完成以上所述生产费用在各种产品之间,以及同种产品的完工产品与月末在产品之间分配和归集以后,再分别计算出各种产品的总成本和单位成本,借以考核和分析各种产品成本计划的执行情况。

2.8.3　完工产品成本的结转

生产费用完成了在各种产品之间,以及在完工产品和月末在产品之间的归集和分配后,计算出完工产品的总成本和单位成本,可据以结转验收入库的完工产品成本。

---

① 表中"直接人工"和"制造费用"对应的"定额"是指"定额工时"。

工业企业的完工产品，包括产成品、自制材料、工具、模具等。完工产品经产成品仓库验收入库后，其成本应从"生产成本——基本生产成本（××产品）"账户的贷方转入到各有关账户的借方，其中完工入库产成品的成本，应转入"库存商品——××产品"账户的借方；完工的自制材料、工具、模具等的成本，应分别转入"原材料"或"周转材料"等账户的借方。

"生产成本——基本生产成本（××产品）"账户的月末余额，就是基本生产车间月末在产品的成本，也就是占用在基本生产过程中的生产资金，应与所属各种产品成本计算单中月末在产品成本之和核对相符。

【情景 2-36】华信食品股份有限公司根据上述图 2-6 ～图 2-8 生产成本明细账中面包、蛋糕和蛋挞完工产品成本，汇总编制产品成本汇总表，如表 2-36 所示，并编制会计分录。

表 2-36　产品成本汇总表

2018 年 8 月 31 日

单位：元

产品名称	期初余额	本期增加	本期完工	期末在产品
面包	—	20 704.00	20 704.00	—
蛋糕	8 210.00	20 871.60	20 871.60	8 210.00
蛋挞	450.00	14 352.00	14 732.00	70.00

审核　李海洋　　　　　　　　　　　　　　　　　　　　　制表　王　涛

根据表 2-36 编制会计分录如下：

借：库存商品——面包　　　　　20 704.00

　　　　　　——蛋糕　　　　　20 871.60

　　　　　　——蛋挞　　　　　14 732.00

　　贷：生产成本——面包　　　　　　　　　20 704.00

　　　　　　　　——蛋糕　　　　　　　　　20 871.60

　　　　　　　　——蛋挞　　　　　　　　　14 732.00

工业企业生产完工的产品，除了对外销售的商品产品外，还可能有自制完工的材料、工具、模具和包装物等，对于这些完工产品，其成本也应区分不同情况进行结转，其账务处理如下：

借：原材料

　　周转材料——低值易耗品

　　贷：基本生产成本——××产品

结转之后，"基本生产成本"账户月末借方余额就是基本生产在产品的成本，即占用在基本生产过程中的生产资金。

3 成本核算的品种法

CFO 导语

品种法是成本核算的基本方法，财务人员应知晓品种法的适用范围、核算过程。

本项目架构

- ☑ 认识品种法
- ☑ 品种法的应用

3.1 认识品种法

cfo 告诉你

财务人员应充分了解品种法的特点，进而掌握其核算过程。

品种法

3.1.1 品种法的概念

品种法是以产品品种为成本核算对象，按产品品种设置明细账，归集生产成本并计算产品成本的一种成本核算方法。

3.1.2 品种法的特点

品种法计算成本的主要特点如下所述。

（1）以产品品种作为成本核算对象，需要按照每一种产品设置产品成本明细账，产品成本明细账要按规定的成本项目设置专栏。

（2）成本核算通常定期按月进行。由于品种法适用于大量、大批的产品生产，大量、大批的生产是连续不断进行的，每月末都会有完工产品，所以每月末都要进行产品成本核算。

（3）月末在产品费用的处理分两种情况：在单步骤生产的情况下，生产工艺为不间断地一次性生产出最终产品，如发电、自来水生产和采掘工业等都属于单步骤生产。由于月末没有在产品，当期发生的生产成本都由完工产品来承担，不需要在完工产品和月末在产品之间分配费用。而在大量、大批多步骤生产的情况下，每月末不仅有完工产品，而且还会有未完工的在产品，如果未完工的在产品数量较多，就需要将生产成本在完工产品与未完工的在产品之间进行分配。

3.1.3 品种法成本核算的一般程序

采用品种法计算产品成本，需要按以下几个步骤进行。

（1）开设产品成本明细账。按品种法计算产品成本需要按产品品种设置基本生产产品成本明细账，并按成本项目设置专栏。同时还要按车间或品种设置辅助生产成本明细账，并按车间设置制造费用明细账。

值得注意的是，有的企业只设置产品成本明细账，有的企业在产品成本明细账外还设置产品成本核算单，以充分反映产品成本核算的过程。

（2）分配各项要素费用。在生产中发生的各项支出及消耗都属于要素费用。对生产过程中发生的各项要素费用，应根据各项费用的原始凭证和其他有关资料编制各种费用分配表，并将分配的结果登记各种明细账。

① 分配材料费、燃料费及外购动力费用。生产经营活动中领用和消耗的各种材料、燃料根据领料凭证和退料凭证按用途和有关标准编制材料费用分配表，并登记各明细账。对外购动力费用应根据有关原始凭证编制外购动力费用分配表，并登记各明细账。

② 分配直接人工费用。企业各车间、部门发生的职工薪酬应根据工资结算等凭证编制工资薪酬分配表，并登记有关明细账。

③ 分配折旧费用。企业各车间、部门使用的各种固定资产，应根据折旧方法，按使用部门和用途，编制折旧费用分配表，分配折旧费用。

（3）分配辅助生产成本。对于归集在辅助生产明细账中的各项辅助生产成本，在月末要采用适当的分配方法编制辅助生产成本分配表，将辅助生产成本分配给各受益对象。

（4）分配基本生产车间的制造费用。对于平时归集在基本生产车间"制造费用"明细账中的各项制造费用，期末要按适当的分配方法编制制造费用分配表，将制造费用分配转入各种产品成本。

上述辅助生产成本和制造费用都属于综合费用，综合费用包含不同的费用项目，是将多种要素费用综合在一起的费用。

（5）分配完工产品和月末在产品成本。经过上述对各项费用的分配，已经将各项生产成本全部归集到基本生产车间的各产品成本明细账中，如果某种产品既有完工产品又有在产品，就需要将归集在该产品成本明细账中的全部生产成本在完工产品与月末在产品之间进行分配，从而计算出完工产品成本。

（6）结转完工产品成本。生产车间加工完的各种产成品要陆续验收入库，月末要将完工入库产品的成本从生产成本总账及各产品成本明细账中结转到库存商品账户中。

3.1.4 品种法的适用范围

品种法主要适用于大量、大批的单步骤生产的企业，如采掘企业等。在大量、大批的多步骤生产的企业中，如果企业规模较小，管理上又不要求分步骤计算成本时，也可以采用品种法计算产品成本，如小型水泥、造纸、制砖企业等。此外，企业的辅助生产部门，如供水、供电车间一般也采用品种法计算产品或劳务成本。

3.1.5　品种法的计算程序

品种法的计算程序如图 3-1 所示。

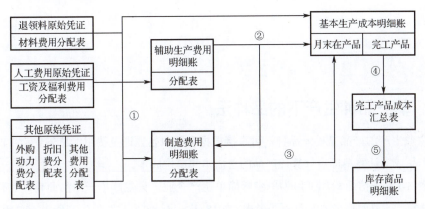

图 3-1　品种法的计算程序

程序说明如下：

① 分配各项要素费用。

② 分配辅助生产费用。

③ 分配制造费用。

④ 计算完工产品成本。

⑤ 结转完工产品成本。

3.2　品种法的应用

cfo 告诉你

财务人员要注意成本项目的设置。

关键术语

单一品种

3.2.1 单一品种生产下的品种法

如果企业生产的产品是单一品种，可直接根据有关原始凭证及费用汇总表登记生产成本明细账，编制产品成本计算单即可计算该产品的总成本和单位成本。

【情景3-1】华信面粉加工厂为单步骤简单生产企业，只生产单一产品面粉，月初、月末在产品比较稳定，计算面粉成本时可不予考虑。2018年8月，面粉共发生生产费用36 240元（其中：直接材料18 620元，直接人工12 420元，制造费用5 200元），完工6 000千克，根据资料编制成本计算单，如表3-1所示。

表3-1　成本计算单

产品名称：面粉　　　　　　　　　　2018年8月31日　　　　　　　　　　单位：元

摘要	直接材料	直接人工	制造费用	合计
月初在产品成本	—	—	—	—
本月生产费用	18 620.00	12 420.00	5 200.00	36 240.00
合计	18 620.00	12 420.00	5 200.00	36 240.00
完工产品成本	18 620.00	12 420.00	5 200.00	36 240.00
单位成本	3.10	2.07	0.87	6.04
月末在产品成本	—	—	—	—

审核　孙　昊　　　　　　　　　　　　　　　　　　　　　　　　制表　吴　宇

3.2.2 多品种生产下的品种法

如果企业同时生产两种或两种以上的产品，应按照品种法成本核算的一般程序设置生产成本明细账，将直接费用直接记入该产品生产明细账中，并将间接费用按照恰当的分配方法编制各种费用分配表分配各种要素费用。

【情景3-2】2018年9月30日，华信食品股份有限公司为单步骤简单生产企业，设有一个基本生产车间，大量生产面包、蛋糕、蛋挞三种产品，另设有供气车间、运输车间两个辅助生产车间，为全厂提供产品和劳务。根据生产特点和管理要求，采用品种法计算产品成本。

（1）根据按原材料用途归类的领退料凭证和有关的费用分配标准编制发出材料汇总表，如表3-2所示。

表 3-2　发出材料汇总表

2018 年 9 月 30 日

单位：元

领料部门和用途		主要原材料		辅助材料		合计
		特质面粉	鸡蛋	白砂糖	植物油	
基本生产车间	面包消耗	4 136.00	1 380.00			5 516.00
	蛋糕消耗	5 170.00	2 070.00			7 240.00
	蛋挞消耗	2 694.00	550.00			3 244.00
	共同消耗			2 400.00	1 200.00	3 600.00
	合　计	12 000.00	4 000.00	2 400.00	1 200.00	19 600.00
车间管理部门消耗		150.00	50.00		100.00	300.00
辅助生产车间	供气车间消耗	50.00		24.00		74.00
	运输车间消耗		20.00		50.00	70.00
合　计		12 200.00	4 070.00	2 424.00	1 350.00	20 044.00

审核　李海洋　　　　　　　　　　　　　　　　制表　王　涛

根据表 3-2 及【情景 2-5】，编制会计分录如下：

借：生产成本——基本生产成本——面包　　　　6 980

　　　　　　　　　　　　　　——蛋糕　　　　8 765

　　　　　　　　　　　　　　——蛋挞　　　　3 855

　　生产成本——辅助生产成本——供气车间　　74

　　　　　　　　　　　　　　——运输车间　　70

　　制造费用　　　　　　　　　　　　　　　　300

　　贷：原材料——特质面粉　　　　　　　　　　　　　12 200

　　　　　　　——鸡蛋　　　　　　　　　　　　　　　4 070

　　　　　　　——白砂糖　　　　　　　　　　　　　　2 424

　　　　　　　——植物油　　　　　　　　　　　　　　1 350

（2）职工薪酬费用的分配见【情景 2-11】。

（3）辅助生产费用的分配见【情景 2-13】。

（4）结转制造费用见【情景 2-18】。

（5）华信食品股份有限公司 9 月产品完工情况如表 3-3 所示，产品完工率为 60%，根据上述各种费用的分配，编制三种产品成本计算单，如表 3-4 ～ 3-6 所示。

表 3-3　产品完工情况表

2018 年 9 月 30 日

单位：箱

产品名称	月初在产品数量	投产数量	完工数量	在产品数量
面包	280	400	650	30
蛋糕	260	500	700	60
蛋挞	150	260	400	10

表 3-4　成本计算单（面包）

产品名称：面包　　　　　　2018 年 9 月 30 日　　　　　　单位：元

摘要	直接材料	直接人工	制造费用	合计
月初在产品成本	1 200.00	860.00	440.00	2 500.00
本月生产费用	6 980.00	4 800.00	10 424.00	22 204.00
合计	8 180.00	5 660.00	10 864.00	24 704.00
完工产品成本	7 819.50	5 505.50	10 569.00	23 894.00
单位成本	12.03	8.47	16.26	36.76
月末在产品成本	360.50	154.50	295.00	810.00

审核 李海洋　　　　　　　　　　　　　　　　制表 王 涛

表 3-5　成本计算单（蛋糕）

产品名称：蛋糕　　　　　　2018 年 9 月 30 日　　　　　　单位：元

摘要	直接材料	直接人工	制造费用	合计
月初在产品成本	4 600.00	2 610.00	1 880.00	9 090.00
本月生产费用	8 765.00	4 320.00	9 381.60	22 466.60
合计	13 365.00	6 930.00	11 261.60	31 556.60
完工产品成本	12 313.00	6 594.00	10 710.00	29 617.00
单位成本	17.59	9.42	15.30	42.31
月末在产品成本	1 052.00	336.00	551.60	1 939.60

审核 李海洋　　　　　　　　　　　　　　　　制表 王 涛

表 3-6　成本计算单（蛋挞）

产品名称：蛋挞　　　　　　2018 年 9 月 30 日　　　　　　单位：元

摘要	直接材料	直接人工	制造费用	合计
月初在产品成本	860.00	480.00	240.00	1 580.00
本月生产费用	3 855.00	3 720.00	8 072.00	15 647.00
合计	4 715.00	4 200.00	8 312.00	17 227.00
完工产品成本	4 600.00	4 136.00	8 188.00	16 924.00
单位成本	11.50	10.34	20.47	42.31
月末在产品成本	115.00	64.00	124.00	303.00

审核 李海洋　　　　　　　　　　　　　　　　制表 王 涛

（6）假设材料为一次投入，其他项目完成程度为 60%，结转完工产品成本如表 3-7 所示。

表 3-7 结转完工产品成本

2018 年 9 月 30 日　　　　　　　　　　　　　　　　　　单位：元

产品名称	期初余额	本期增加	本期完工	期末在产品
面包	2 500.00	22 204.00	23 894.00	810.00
蛋糕	9 090.00	22 466.60	29 617.00	1 939.60
蛋挞	1 580.00	15 647.00	16 924.00	303.00

审核　李海洋　　　　　　　　　　　　　　　　　　　　制表　王 涛

根据表 3-7 所示，编制会计分录如下：

借：库存商品——面包　　　　　　　　　23 894

　　　　——蛋糕　　　　　　　　　29 617

　　　　——蛋挞　　　　　　　　　16 924

　　贷：生产成本——基本生产成本——面包　　　23 894

　　　　　　　　——蛋糕　　　29 617

　　　　　　　　——蛋挞　　　16 924

（7）根据以上资料，登记基本生产成本明细分类账，如图 3-2～图 3-4 所示。

基本生产成本明细分类账（二级科目 面包）

2018年 月	日	凭证号 字号	摘要	直接材料	直接人工	制造费用	辅助费用	其他	合计
9	1		期初余额	1 200.00	860.00	440.00			2 500.00
	30	略	分配原材料	6 980.00					9 480.00
	30		分配工资费用		4 800.00				14 280.00
	30		结转制造费用			10 424.00			24 704.00
	30		结转完工产品	7 819.50	5 505.50	10 569.00			810.00
	30		月末在产品成本	360.50	154.50	295.00			810.00

图 3-2　基本生产成本——面包明细分类账

基本生产成本明细分类账（二级科目 蛋糕）

2018年 月	日	凭证号 字号	摘要	直接材料	直接人工	制造费用	辅助费用	其他	合计
9	1		期初余额	4 600.00	2 610.00	1 880.00			9 090.00
	30	略	分配原材料	8 765.00					17 855.00
	30		分配工资费用		4 320.00				22 175.00
	30		结转制造费用			9 381.60			31 556.60
	30		结转完工产品	12 313.00	6 594.00	10 710.00			1 939.60
	30		月末在产品成本	1 052.00	336.00	551.60			1 939.60

图 3-3　基本生产成本——蛋糕明细分类账

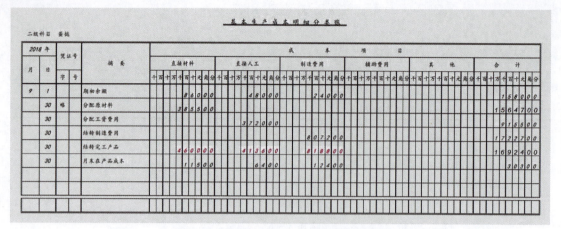

图 3-4　基本生产成本——蛋挞明细分类账

 成本核算的分批法

 cfo 导语

分批法的特点是按批次进行成本明细核算。分批法因其采用的间接计入费用的分配方法不同，分为普通分批法和简化分批法。

本项目架构

- ☑ 认识分批法
- ☑ 普通分批法的应用
- ☑ 简化分批法及其应用

4.1 认识分批法

cfo 告诉你

财会人员要了解分批法的特点和核算程序。

关
键
术
语   分批法

4.1.1 分批法的概念

产品成本核算的分批法是以产品批别为成本核算对象，按产品批别归集生产成本，计算产品成本的一种方法。

4.1.2 分批法的特点

分批法计算产品成本的主要特点如下所述。

（1）以产品批别为成本核算对象，按产品批别设置产品成本明细账，归集生产成本。

产品批别指的是企业生产计划部门签发并下达到生产车间的产品批号，也叫产品批别。根据购买者订单生产的企业，往往以一张订单规定的产品为一批。但产品的批别与客户的订单有时候也不完全相同。如果一张订单中规定的产品品种较多，为了分别考核不同产品的生产成本，可以将一张订单分为几批组织生产；如果一张订单要求陆续交货，并且交货持续的时间较长，为了及时确定成本以便及时计算损益，也可以分成几批组织生产；如果在同一时期内的几张订单中都规定有相同的产品，而且交货的时间也相差不多，也可以将几张订单中相同的产品合并为一批组织生产。

（2）采用分批法时，生产成本通常应按月汇总。

但由于各批产品的生产周期不一致，月末不见得完工，每批产品的实际成本通常等到该批产品全部完工后才能准确计算。

（3）一般不需要在月末分配在产品成本。

按分批法计算产品成本时，由于一般是在该批产品全部完工时才计算该批产品成本，所以月末如果某批产品全部完工，则该批产品归集的全部生产成本就是该批产品的完工产品成本；若该批产品未完工，则全部为在产品成本。因此，采用分批法计算产品成本时月末一般不需要在完工产品与在产品之间分配生产成本。只有在一批产品跨月陆续完工陆续交货的情况下，为了按期确定损益，才需要在月末计算该批产品完工产品与在产品成本。这种情况下，为了减少成本核算的工作量，可以采用简便的方法，即按计划单位成本、定额单位成本或最近一期相同产品的实际单位成本来计算完工产品成本，将完工产品成本从产品成本明细账转出后，余额作为在产品成本。待该批产品全部完工时再计算该批产品的实际总成本和单位成本，对已经转出的完工产品成本，不必做账面调整。

4.1.3 分批法的适用范围

适用于采用分批法计算产品成本的企业通常有以下几种。

（1）根据购买者订单生产的企业。

有些企业专门根据定货者的要求，生产特殊规格、特定数量的产品。订货者的订货可能是大型产品，如船舶、精密仪器；可能是多件同样规格的产品，如根据订货者的设计图样生产几件实验室用的特种仪器。

（2）产品种类经常变动的小规模制造厂。

如生产窗把手、插销等的五金工厂，因为生产规模小，需要根据市场需要不断变动产品的种类和数量，不可能按产品设置流水线大量生产，只能是分批生产、分批计算成本。

（3）专门从事修理业务的工厂。

修理业务多种多样，需要根据承接的各种修理业务分批计算修理成本。

（4）新产品试制的车间。

专门试制新产品的车间，一般都是小批量进行生产，所以适用于用分批法计算产品成本。

4.1.4 分批法的种类

分批法因其采用的间接计入费用的分配方法不同，分为普通分批法和简化分批法。

1. 普通分批法

采用当月分配率来分配间接计入费用的分批法称为普通分批法（分批法），也就是分批计算在产品成本的分批法。

2. 简化分批法

采用累计间接计入费用分配率来分配间接计入费用的分批法称为简化的分批法，也称不分批计算在产品成本的分批法，是一般分批法的简化形式。

4.1.5 分批法成本核算的一般程序

采用分批法计算产品成本时通常经过以下几个步骤。

（1）按生产批号（批别）设置产品成本明细账。

（2）按产品批别分配和归集各项生产成本。采用分批法计算产品成本时，企业发生的各项生产成本，能分清是哪批产品发生的直接记入该批产品成本明细账。几批产品共同发生且不能直接分清各批产品分别发生多少费用的应先按一定的方法进行分配，其中，材料费用通常可按照定额消耗量比例法或定额费用比例法进行分配，直接人工费和制造费用通常可按照定额生产工时或实际生产工时比例法进行分配，并将分配结果分别记入各批产品成本明细账。费用分配方法与品种法相同。

（3）月末汇总各批产品的生产成本，并计算完工批次的产品成本。月末，如果该批产品已全部完工，则该产品成本明细账中累计的生产成本就是该批产品的总成本，总成本除以产量就是该批产品的单位成本。如果该批产品没有完工或没有全部完工，成本明细账中累计的生产成本就是该批产品的在产品成本。如果该批产品跨月陆续完工并陆续交货，在月末既有完工产品又有在产品，则需要按一定方法将该批产品的全部生产成本在完工产品与在产品之间进行分配。

在投产批数繁多而且未完批数较多的企业中，通常采用简化分批法来计算完工产品的成本。采用这种方法，月末只将完工批次的产品分配间接计入费用，而未完工批次的在产品不分配间接计入费用，不计算在产品成本。

（4）将各完工批次的产品成本从总账、基本生产二级账及各明细账中同时转出。

4.2 普通分批法的应用

cfo 告诉你

掌握普通分批法的特点和核算过程。

关键术语

普通分批法

【情景4-1】2018年9月30日，华信烘焙厂为单步骤简单生产企业，设有一个基本生产车间，大量生产面包糠一种产品。该企业9月份的产品批号有180805批次、180820批次、180910批次。另设有供电车间、供水车间两个辅助生产车间，为全厂提供产品和劳务。根据生产成本特点和管理要求，生产两批产品采用分批法计算产品成本。

（1）华信烘焙厂2018年9月生产180805批次、180820批次、180910批次三个批次产品，本月发出材料汇总表如表4-1所示，共同消耗食用糖、添加剂两种辅助材料。其中：食用糖消耗360千克，10元/千克，添加剂消耗200千克，12元/千克。辅助材料采用定额消耗额比例分配法进行分配，材料定额费用如表4-2所示。

表4-1　发出材料汇总表

2018年9月30日　　　　　　　　　　　　　　　　　　　单位：元

领料部门和用途		主要原材料		辅助材料		合计
		面粉	花生油	食用糖	添加剂	
基本生产车间	180805批次消耗	12 630.00	8 500.00			21 130.00
	180820批次消耗	8 620.00	4 200.00			12 820.00
	180910批次消耗	6 200.00	2 160.00			8 360.00
	共同消耗			3 600.00	2 400.00	6 000.00
	合　计	27 450.00	14 860.00	3 600.00	2 400.00	48 310.00
车间管理部门消耗		500.00	200.00			700.00
辅助生产车间	供电车间消耗		400.00			400.00
	供水车间消耗		400.00			400.00
合　计		27 950.00	15 860.00	3 600.00	2 400.00	49 810.00

审核　周正华　　　　　　　　　　　　　　　　　制表　冯玉婷

表4-2　材料定额费用表

产品名称	定额费用		产量（袋）
	定额	单位	
180805批次	18.00	元/袋	500
180820批次	17.80	元/袋	360
180910批次	17.20	元/袋	180

① 辅助材料消耗总额：

食用糖消耗总额 =360×10=3 600（元）

添加剂消耗总额 =200×12=2 400（元）

② 产品消耗定额：

180805批次消耗定额 =18×500=9 000（元）

180820批次消耗定额 =17.8×360=6 408（元）

180910批次消耗定额 =17.2×180=3 096（元）

材料分配率 =（3 600+2 400）÷（9 000+6 408+3 096）=0.32

根据以上资料编制材料费用分配表，如表 4-3 所示。

表 4-3　材料费用分配表
2018 年 9 月 30 日
单位：元

应 借 科 目			直接计入	分配计入	合计
总账科目	明细科目	成本项目			
基本生产成本	180805 批次	直接材料	21 130.00	2 880.00	24 010.00
	180820 批次	直接材料	12 820.00	2 050.56	14 870.56
	180910 批次	直接材料	8 360.00	1 069.44	9 429.44
	小　计		42 310.00	6 000.00	48 310.00
辅助生产成本	供电车间	直接材料	400.00		400.00
	供水车间	直接材料	400.00		400.00
	小　计		800.00		800.00
制造费用	基本生产车间	直接材料	700.00		700.00
合　计			43 810.00	6 000.00	49 810.00

审核　周正华 　　　　　　　　　　　　　　　　　　　　制表　冯玉婷

根据以上资料编制会计分录如下：

借：基本生产成本——180805 批次　　　　　　24 010

　　　　　　　　——180820 批次　　　　　14 870.56

　　　　　　　　——180910 批次　　　　　　9 429.44

　　辅助生产成本——供电车间　　　　　　　　400

　　　　　　　　——供水车间　　　　　　　　400

　　制造费用　　　　　　　　　　　　　　　700

　　贷：原材料——面粉　　　　　　　　　　　　　27 950

　　　　　　——花生油　　　　　　　　　　　　15 860

　　　　　　——食用糖　　　　　　　　　　　　3 600

　　　　　　——添加剂　　　　　　　　　　　　2 400

（2）华信烘焙厂 9 月份 180805 批次、180820 批次、180910 批次三种产品的工时分别为 2 680 小时、1 260 小时和 860 小时。9 月份工资结算汇总如表 4-4 所示。根据各车间、部门的工资结算凭证和其他应付职工薪酬的计提比率编制工资费用分配表，如表 4-5 所示。

基本生产车间工资分配率 =26 700÷4 800=5.56（元/小时）

180805 批次 =5.56×2 680=14 900.8（元）

180820 批次 =5.56×1 260=7 005.6（元）

180910 批次 =26 700-14 900.8-7 005.6=4 793.6（元）

根据以上资料，编制分配工资费用的会计分录如下：

借：基本生产成本——180805 批次　　　　　　14 900.8

　　　　　　　　——180820 批次　　　　　　7 005.6

　　　　　　　　——180910 批次　　　　　　4 793.6

辅助生产成本——供电车间	4 460
——供水车间	3 990
制造费用	6 080
管理费用	15 560
销售费用	19 640
贷：应付职工薪酬——工资	76 430

表 4-4　工资结算汇总表

2018 年 9 月 30 日　　　　　　　　　　　　　　　　　　单位：元

部　门		计时工资	奖金	津贴补贴	应扣工资		应发工资	代　扣　款　项						实发工资
					病假	事假		养老保险	失业保险	医疗保险	住房公积金	个人所得税	小　计	
基本生产车间	生产工人	26 200.00	400.00	300.00		200.00	26 700.00	640.80	534.00	320.40	1 068.00	120.00	2 683.20	24 016.80
	车间管理人员	5 880.00	200.00	200.00		200.00	6 080.00	145.92	121.60	72.96	243.20		583.68	5 496.32
辅助生产车间	供电车间	4 260.00	100.00	300.00	200.00		4 460.00	107.04	89.20	53.52	178.40		428.16	4 031.84
	供水车间	3 680.00	160.00	150.00			3 990.00	95.76	79.80	47.88	159.60		383.04	3 606.96
企业管理部门		15 000.00	500.00	460.00		400.00	15 560.00	373.44	311.20	186.72	622.40	178.00	1 671.76	13 888.24
企业销售部门		18 840.00	800.00	500.00	400.00	100.00	19 640.00	471.36	392.80	235.68	785.60	220.00	2 105.44	17 534.56
合　计		73 860.00	2 160.00	1 910.00	600.00	900.00	76 430.00	1 834.32	1 528.60	917.16	3 057.20	518.00	7 855.28	68 574.72

审核　周正华　　　　　　　　　　　　　　　　　　制表　冯玉婷

表 4-5　工资费用分配表

2018 年 9 月 30 日　　　　　　　　　　　　　　　　　　单位：元

应借科目		成本或费用项目	直接计入	分配计入		职工工资合计
				生产工时（小时）	分配金额	
基本生产成本	180805 批次	直接人工		2 680.00	14 900.80	14 900.80
	180820 批次	直接人工		1 260.00	7 005.60	7 005.60
	180910 批次	直接人工		860.00	4 793.60	4 793.60
	小　计			4 800.00	26 700.00	26 700.00
辅助生产成本	供电车间	薪酬	4 460.00			4 460.00
	供水车间	薪酬	3 990.00			3 990.00
	小　计		8 450.00			8 450.00
制造费用		薪酬	6 080.00			6 080.00
管理费用		薪酬	15 560.00			15 560.00
销售费用		薪酬	19 640.00			19 640.00
合　计			49 730.00			76 430.00

审核　周正华　　　　　　　　　　　　　　　　　　制表　冯玉婷

（3）根据有关账簿记录编制固定资产折旧表，如表 4-6 所示。

表 4-6　固定资产折旧表
2018 年 9 月 30 日
单位：元

科目	使用部门	固定资产项目	固定资产原值			月折旧率（%）	本月折旧额
			月初余额	月增加额	月减少额		
制造费用	生产车间	房屋	260 000.00			0.3	780.00
		生产设备	300 000.00			0.4	1 200.00
	供电车间	房屋	150 000.00			0.3	450.00
		供电设备	200 000.00			0.4	800.00
	供水车间	房屋	100 000.00			0.3	300.00
		供水设备	120 000.00			0.4	480.00
	小　计		1 130 000.00				4 010.00
管理费用	管理部门	房屋	150 000.00			0.3	450.00
		办公设备	62 000.00			1.5	930.00
	小　计		212 000.00				1 380.00
销售费用	销售部门	房屋	100 000.00			0.3	300.00
		办公设备	40 000.00			1.5	600.00
	小　计		140 000.00				900.00
合　计			1 482 000.00				6 290.00

审核　周正华　　　　　　　　　　　　　　　　　　　　　　制表　冯玉婷

根据表 4-6 编制会计分录如下：

借：制造费用 4 010

　　管理费用 1 380

　　销售费用 900

　　贷：累计折旧 6 290

（4）本月发生的其他费用见其他费用分配表，如表 4-7 所示。

表 4-7　其他费用分配表
2018 年 9 月 30 日
单位：元

车间、部门	会计科目	明细科目	银行存款支付
基本生产车间	制造费用	制造费用	8 000.00
供电车间	辅助生产成本	供电车间	500.00
供水车间	辅助生产成本	供水车间	200.00
管理部门	管理费用		300.00
销售部门	销售费用		200.00
合　计			9 200.00

审核　周正华　　　　　　　　　　　　　　　　　　　　　　制表　冯玉婷

根据表 4-7 编制会计分录如下：

借：辅助生产成本——供电车间   500

             ——供水车间   200

    制造费用   8 000

    管理费用   300

    销售费用   200

    贷：银行存款   9 200

（5）华信烘焙厂有供电和供水两个辅助生产车间，2018 年 9 月份辅助车间分配情况如表 4-8 所示，辅助车间生产费用分配如表 4-9 所示。

表 4-8　辅助车间分配情况表

受益部门		辅助生产车间	供电车间	供水车间
待分配辅助生产费用（元）			5 360.00	4 590.00
供应劳务数量（度、立方米）			3 600	500
辅助生产车间	供电车间	消耗量		15
	供水车间	消耗量	500	
基本生产	第一车间	消耗量	1 200	215
	第二车间	消耗量	1 260	235
行政部门		消耗量	420	20
销售部门		消耗量	220	15

表 4-9　辅助车间生产费用分配表

2018 年 9 月 30 日　　　　　　　　　　　　　　　　　　　单位：元

辅助生产车间名称			交互分配			对外分配		
			供电车间	供水车间	合计	供电车间	供水车间	合计
待分配辅助生产费用			5 360.00	4 590.00	9 950.00	4 752.70	5 197.30	9 950.00
供应劳务数量			4 800	5 600	10 400			
费用分配率（元/度、元/立方米）			1.49	9.18		1.53	10.72	
辅助生产车间消耗	供电车间	消耗量		15	15			
		分配金额		137.70	137.70			
	供水车间	消耗量	500		500			
		分配金额	745.00		745.00			
	分配金额小计		745.00	137.70	882.70			
基本生产消耗	第一车间	消耗量				1 200	215	
		分配金额				1 836.00	2 304.80	4 140.80
	第二车间	消耗量				1 260	235	
		分配金额				1 927.80	2 519.20	4 447.00
	小计					3 763.80	4 824.00	8 587.80
行政部门消耗	消耗量					420	20	
	分配金额					642.60	214.40	857.00
销售部门消耗	消耗量					220	15	
	分配金额					346.30	158.90	505.20
合计						4 752.70	5 197.30	9 950.00

审核　周正华　　　　　　　　　　　　　　　　　　　制表　冯玉婷

根据表 4-9 编制会计分录如下：

借：辅助生产成本——供电车间　　137.7
　　　　　　　　——供水车间　　745
　贷：辅助生产成本——供电车间　　745
　　　　　　　　　——供水车间　　137.7

借：制造费用——第一车间　　4 140.8
　　　　　　——第二车间　　4 447
　管理费用　　857
　销售费用　　505.2
　贷：辅助生产成本——供电车间　　4 752.7
　　　　　　　　　——供水车间　　5 197.3

（6）根据制造费用明细分类账（如图 4-1 所示）登记的制造费用，按生产工人工时编制制造费用分配表，如表 4-10 所示。有关生产工人工时为：180805 批次 2 680 小时、180820 批次 1 260 小时、180910 批次 860 小时。

制造费用明细分类账

2018 年 月	日	凭证号 字	号	摘要	成本项目 直接材料	直接人工	制造费用	辅助费用	其他	合计
9	30	略		分配原材料	70000					70000
	30			分配工资费用		608000				678000
	30			分配折旧费用			401000			1079000
	30			分配其他费用					800000	1879000
	30			分配辅助生产费用				858780		2737780
	30			结转制造费用	70000	608000	401000	858780	800000	0

图 4-1　制造费用明细分类账

表 4-10　制造费用分配表

2018 年 9 月 30 日　　　　单位：元

应借科目		生产工时（小时）	分配率（元/小时）	分配金额
基本生产成本	180805 批次	2 680		15 276.00
	180820 批次	1 260		7 182.00
	180910 批次	860		4 919.80
合　计		4 800	5.70	27 377.80

审核 周正华　　　　制表 冯玉婷

根据表 4-10 编制会计分录如下：

借：基本生产成本——180805 批次   15 276

           ——180820 批次   7 182

           ——180910 批次   4 919.8

   贷：制造费用   27 377.8

（7）华信烘焙厂 9 月产品完工情况如表 4-11 所示，产品完工率为 60%，根据上述各种费用的分配编制三种产品的成本计算单如表 4-12～表 4-14 所示。

表 4-11 产品完工情况表

2018 年 9 月 30 日   单位：袋

产品名称	月初在产品数量	投产数量	完工数量	在产品数量
180805 批次	250	1 500	1 360	390
180820 批次	450	600	750	300
180910 批次	120	600	520	200

表 4-12 成本计算单（1）

产品名称：180805 批次   2018 年 9 月 30 日   单位：元

摘要	直接材料	直接人工	制造费用	合计
月初在产品成本	4 000.00	2 100.00	1 600.00	7 700.00
本月生产费用	24 010.00	14 900.80	15 276.00	54 186.80
合计	28 010.00	17 000.80	16 876.00	61 886.80
完工产品成本	21 773.60	14 511.20	14 402.40	50 687.20
单位成本	16.01	10.67	10.59	37.27
月末在产品成本	6 236.40	2 489.60	2 473.60	11 199.60

审核   周正华   制表   冯玉婷

表 4-13 成本计算单（2）

产品名称：180820 批次   2018 年 9 月 30 日   单位：元

摘要	直接材料	直接人工	制造费用	合计
月初在产品成本	4 400.00	2 800.00	1 360.00	8 560.00
本月生产费用	14 870.56	7 005.60	7 182.00	29 058.16
合计	19 270.56	9 805.60	8 542.00	37 618.16
完工产品成本	13 762.50	7 905.00	6 885.00	28 552.50
单位成本	18.35	10.54	9.18	38.07
月末在产品成本	5 508.06	1 900.60	1 657.00	9 065.66

审核   周正华   制表   冯玉婷

表4-14　成本计算单（3）

产品名称：180910批次　　　　　　　　　　　2018年9月30日　　　　　　　　　　　　单位：元

摘要	直接材料	直接人工	制造费用	合计
月初在产品成本	3 620.00	1 500.00	1 180.00	6 300.00
本月生产费用	9 429.44	4 793.60	4 919.80	19 142.84
合计	13 049.44	6 293.60	6 099.80	25 442.84
完工产品成本	9 422.40	5 111.60	4 955.60	19 489.60
单位成本	18.12	9.83	9.53	37.48
月末在产品成本	3 627.04	1 182.00	1 144.20	5 953.24

审核　周正华　　　　　　　　　　　　　　　　　　　　　　　　　　制表　冯玉婷

（8）假设材料为一次投入，其他项目完成程度为60%，结转完工产品成本如表4-15所示。

表4-15　结转完工产品成本

2018年9月30日　　　　　　　　　　　　单位：元

产品名称	期初余额	本期增加	本期完工	期末在产品
180805批次	7 700.00	54 186.80	50 687.20	11 199.60
180820批次	8 560.00	29 058.16	28 552.50	9 065.66
180910批次	6 300.00	19 142.84	19 489.60	5 953.24

根据表4-15编制会计分录如下：

借：库存商品——180805批次　　　　　50 687.2

　　　　　　——180820批次　　　　　28 552.5

　　　　　　——180910批次　　　　　19 489.6

　　贷：生产成本——180805批次　　　　　50 687.2

　　　　　　　　——180820批次　　　　　28 552.5

　　　　　　　　——180910批次　　　　　19 489.6

（9）根据上述各种费用分配表和其他有关资料，登记基本生产成本明细分类账如图4-2～图4-4所示。

图4-2　基本生产成本——180805批次明细账

基本生产成本明细分类账

二级科目 180820批次

2018年 月 日	凭证号 字 号	摘 要	直接材料	直接人工	制造费用	辅助费用	其他	合 计
9 1		期初余额	440000	280000	136000			856000
30	略	分配原材料	1487056					2343056
30		分配工资费用		700560				3043616
30		结转制造费用			718200			3761816
30		结转完工产品	1376250	790500	688800			9065566
30		月末在产品成本	550806	190060	165700			9065566

图 4-3 基本生产成本——180820 批次明细账

基本生产成本明细分类账

二级科目 180910批次

2018年 月 日	凭证号 字 号	摘 要	直接材料	直接人工	制造费用	辅助费用	其他	合 计
9 1		期初余额	362000	150000	118000			630000
30	略	分配原材料	942944					1572944
30		分配工资费用		479360				2052304
30		结转制造费用			491980			2544284
30		结转完工产品	942240	511160	495560			5953224
30		月末在产品成本	362704	118200	114420			5953224

图 4-4 基本生产成本——180910 批次明细账

4.3 简化分批法及其应用

cfo 告诉你

掌握简化分批法的特点和核算过程。

关键术语　简化分批法

4.3.1　简化分批法的含义

在某些单件、小批生产的企业（或车间）里，产品订单多、生产周期长，而每月实际完工的产品批次不多。在这种情况下，如果采用上述的分批法核算产品成本，不论各批产品完工与否都要将当月发生的间接计入费用在当月分配计入各批产品成本，则会出现由于产品批数多费用分配核算工作将非常繁重的情况。为了减轻成本核算的工作量，这类企业可以采用简化分批法进行成本核算。

简化分批法是将每月发生的间接计入费用，如人工费用、制造费用等，不是按月在各批产品之间分配，而是先将其在基本生产成本二级账户中按成本项目分别累计，只有在有产品完工的那个月份才按照其累计工时的比例在各批完工产品之间进行分配，计算完工产品成本；而全部在产品应负担的间接计入费用，则以总数反映在基本生产成本二级账户中，不进行分配，也不分批计算。所以，这种方法也称为不分批计算在产品成本的分批法。

4.3.2　简化分批法的特点

1. 必须设置基本生产成本二级账

采用简化分批法，必须设置基本生产成本二级账，对各批产品仍应按产品批别设置基本生产成本明细账，与基本生产成本二级账平行登记。

各批次产品基本生产成本明细账中除完工产品成本外，平时只登记直接计入费用（直接材料）和生产工时，月末在产品的成本也只反映直接计入费用（直接材料）和生产工时。基本生产成本二级账则需登记车间投产的所有批次产品的各项费用和累计的全部生产工时。

从计算产品成本的实际角度来说，采用其他成本计算方法可以不设置基本生产成本二级账，但采用简化的分批法时必须设置基本生产成本二级账。

基本生产成本二级账除按规定的成本项目设专栏外，还需增设生产工时专栏。其作用在于：

（1）按月提供企业或车间全部产品的累计生产费用（包括直接计入费用、间接计入费用）和生产工时。

（2）在有产品完工的月份，计算和登记全部产品累计间接计入费用分配率。

（3）根据完工产品累计生产工时和累计间接计入费用分配率，计算和登记完工产品应负担的累计间接计入费用，并计算完工产品成本。

（4）以全部产品累计生产费用减去本月完工产品总成本，计算和登记月末各批在产品总成本。

2. 简化了间接计入费用的分配

每月发生的间接计入费用，先是在基本生产成本二级账中累计起来，在有产品完工的月份，月末才按各批完工产品的累计生产工时和累计间接计入费用分配率计算完工产品成本。没有完工产品的月份，则不分配间接计入费用。

采用这种方法，各批产品之间分配间接计入费用的工作及完工产品与月末在产品之间分配间接计入费用的工作，即生产费用的横向分配和纵向分配工作，均是利用累计间接计入费用分配率，在产品完工时合并在一起进行的。因此这种方法也称为累计间接计入费用分配法。

其计算公式如下：

全部产品累计间接计入费用分配率 $= \sum$ 全部产品某项累计间接计入费用 $\div \sum$ 全部产品累计工时

某批完工产品应负担的间接计入费用 $=$ 该批完工产品生产工时 $\times$ 全部产品累计间接计入费用分配率

3. 不分批计算月末在产品成本

将本月完工产品应负担的间接计入费用转入各完工产品基本生产成本明细账后，基本生产成本二级账反映全部批次月末在产品的成本，基本生产成本明细账则只反映各批次未完工产品的累计直接计入费用（直接材料）和累计工时，不反映各批次月末在产品成本，即不分批计算在产品成本。

4.3.3　简化分批法的适用范围

简化分批法主要适用于单件小批生产，在同一月份内投产的产品批数很多且月末未完工产品批数也较多的企业或车间，如机械制造厂或修配厂等。当各月投产的产品批数多、月末未完工产品的批数也较多时，这类企业或车间把各项间接计入费用分配给几十批甚至上百批产品，而不管各批产品是否已经完工，成本核算的工作量就会很大。为了简化计算，在投产批数较多且月末未完工产品批数也较多的企业就可以采用简化的分批法计算产品成本。

4.3.4　简化分批法的成本核算程序

1. 按照产品批别设置产品生产成本明细账（或称成本计算单）和基本生产成本二级账

按产品批别设置产品生产成本明细账，并按成本项目设置专栏或专行，平时账内仅登记直接计入费用（直接材料）和生产工时；另外，还要按全部产品设立一个基本生产成本二级账，归集反映企业投产的所有批次产品在生产过程中所发生的各项费用和累计生产工时。

2. 归集和分配生产费用及生产工时

（1）根据月初在产品成本及生产工时资料，登记各批产品基本生产成本明细账和基本生产成本二级账。

（2）根据本月原材料费用分配表及生产工时记录，将各批产品消耗的直接材料费用和消耗的生产工时分别记入各批产品基本生产成本明细账和基本生产成本二级账。

（3）根据工资及其他费用（即间接计入费用）的分配表或汇总表将本月发生的工资及其他费用，不分批别地记入产品基本生产成本二级账。

（4）根据月初在产品成本、生产工时记录与本月生产费用、生产工时记录确定本月月末各项费用与生产工时累计数。

3. 计算完工产品成本

月末，如果本月各批产品均未完工，则各项费用与生产工时累计数转至下月继续登记。

如果本月有完工产品，如某批全部完工、某批部分完工或有几批完工，对完工产品应负担的直接材料费用，可根据产品基本生产成本明细账中的累计生产费用，采用适当的分配方法在完工产品和在产品之间进行分配；对完工产品应负担的间接计入费用（除直接材料以外的费用），则需要根据基本生产成本二级账的累计间接记入费用数与累计工时，按累计间接计入费用的公式计算全部产品各项累计间接计入费用分配率，据以分配费用，计算完工产品成本。

4.3.5　简化分批法的应用

【情景4-2】假定华信烘焙厂小批生产一种产品，由于产品批数多，为了简化成本计算工作采用简化分批法计算成本。该企业2018年9月份的产品批号有：

（1）180710批次：面包糠5000袋，6月投产，本月完工。

（2）180815批次：面包糠1200袋，7月投产，尚未完工。

（3）180825批次：面包糠2600袋，7月投产，本月完工840张。

（4）180920批次：面包糠1500袋，8月投产，尚未完工。

华信烘焙厂各批次发生工时汇总如表4-16所示，设立的基本生产成本二级明细分类账如图4-5所示。

表4-16　发生工时汇总表

2018年9月30日　　　　　　　　　　　　　　　　　　单位：小时

时　间		二级明细账	三级明细账			
			180710批次	180815批次	180825批次	180920批次
本月发生工时	7月31日	—	1 200	—	—	—
	8月31日	5 120	2 020	1 680	220	—
	9月30日	12 130	3 250	4 680	3 820	380
	小　计	17 250	6 470	6 360	4 040	380
本月完工工时		7 485	6 470	—	1 015	—

图 4-5 基本生产成本二级明细分类账

基本生产成本二级明细分类账

2018年 月	日	凭证号 字	号	摘要	直接材料	直接人工	制造费用	辅助费用	其他	合计
8	31			在产品	5027000	3625000	2850000			11502000
9	30	略		本月发生费用	16086000	14275000	12422000			54285000
	30			本月完工产品转出	8445200	7769430	6624225			31446145
	30			月末在产品	12667800	10130570	8647775			31446145

在二级明细分类账中，8月31日在产品是8月末在产品的各项费用。本月发生的原材料费用，应根据本月原材料费用分配表，与各批次基本生产成本三级明细分类账平行登记；本月发生的各项加工费用应根据各该费用分配表汇总登记基本生产成本二级明细分类账，不登记三级明细分类账。9月全部产品累计加工费用分配计算如下：

累计直接人工分配率 =179 000÷17 250=10.38（元/小时）

累计制造费用分配率 =152 720÷17 250=8.85（元/小时）

本月完工转出产品的直接材料、生产工时、直接人工和制造费用，应根据各批次产品的基本生产成本三级明细分类账中完工产品的记录及会计分录汇总平行登记。以累计数减去本月完工产品转出数，即为9月末在产品数。

华信烘焙厂设立的各批次基本生产成本三级明细分类账如图4-6～图4-9所示。

图 4-6 基本生产成本——180710批次明细分类账

基本生产成本明细分类账

二级科目 180710批次

2018年 月	日	凭证号 字	号	摘要	直接材料	直接人工	制造费用	辅助费用	其他	合计
7	31	略		本月发生费用	5800000					
8	31			本月发生费用	2362000					
9	30			本月发生费用	4680000					
	30			本月完工产品转出	7622000	6715860	5725950			20063810

基本生产成本明细分类账

二级科目 180815批次

2018年 月 日	凭证号 字 号	摘要	直接材料	直接人工	制造费用	辅助费用	其他	合计
8 31	略	本月发生费用	1484000					
9 30		本月发生费用	4564000					

图 4-7　基本生产成本——180815 批次明细分类账

基本生产成本明细分类账

二级科目 180825批次

2018年 月 日	凭证号 字 号	摘要	直接材料	直接人工	制造费用	辅助费用	其他	合计
8 31	略	本月发生费用	601000					
9 30		本月生产费用	5263000					
30		本月完工产品转出	1894200	1053570	898275			3846045
30		月末在产品	3969800					

图 4-8　基本生产成本——180825 批次明细分类账

基本生产成本明细分类账

二级科目 180920批次

2018年 月 日	凭证号 字 号	摘要	直接材料	直接人工	制造费用	辅助费用	其他	合计
9 30	略	本月发生费用	1579000					

图 4-9　基本生产成本——180920 批次明细分类账

在上列各批次的基本生产成本三级明细分类账中，平时只需登记原材料费用，只有在有完工产品的月份，包括批内产品全部完工或部分完工，除需累计发生的直接材料外，还应根据基本生产成本二级明细分类账计算出来的累计分配率计算本批次完工产品应负担的间接计入费用。

例如，第 180710 批次产品，月末全部完工，因而三级明细分类账中的直接材料累计额就是完工产品的原材料费用，以其生产工时分别乘以 9 月各项加工费用累计分配率（直接人工 10.38，制造费用 8.85）即为 180710 批次完工产品应负担的各项加工费用。

例如，第 180825 批次产品，月末部分完工，部分在产，因而还应在完工产品成本与在产品之间分配费用，其原材料在生产开始时一次投入，因而原材料费用应按完工产品与在产品的数量比例分配（直接材料：58 640÷2 600=22.55元/袋；完工 840 袋费用为 22.55×840=18 942 元）。

编制完工产品的成本计算单如表 4-17 和表 4-18 所示。

表 4-17　成本计算单

产品名称：180710 批次　　　　　　　2018 年 9 月 30 日　　　　　　　　单位：元

摘要	直接材料	直接人工	制造费用	合计
月初在产品成本	29 420.00	—	—	29 420.00
本月生产费用	46 800.00	—	—	46 800.00
合计	76 220.00	—	—	76 220.00
完工产品成本	76 220.00	67 158.60	57 259.50	200 638.10
单位成本	15.24	13.43	11.45	40.12
月末在产品成本	—	—	—	—

审核　周正华　　　　　　　　　　　　　　　　　　　　　制表　冯玉婷

表 4-18　成本计算单

产品名称：180825 批次　　　　　　　2018 年 9 月 30 日　　　　　　　　单位：元

摘要	直接材料	直接人工	制造费用	合计
月初在产品成本	6 010.00	—	—	6 010.00
本月生产费用	52 630.00	—	—	52 630.00
合计	58 640.00	—	—	58 640.00
完工产品成本	18 942.00	10 535.70	8 982.75	38 460.45
单位成本	22.55	12.54	10.69	45.78
月末在产品成本	39 698.00			

审核　周正华　　　　　　　　　　　　　　　　　　　　　制表　冯玉婷

5 成本核算的分步法

分步法以每种产品的产成品及各加工步骤中的半成品为成本核算对象，设置产品成本明细账，归集生产成本。由于不同企业多步骤生产的加工方式不同，分步法又分为逐步结转分步法和平行结转分步法两大类。

本项目架构

- ☑ 认识分步法
- ☑ 逐步结转分步法及其应用
- ☑ 平行结转分步法及其应用

5.1　认识分步法

cfo 告诉你

财会人员要了解分步法的特点、适用范围和分类。

关键术语　分步法

5.1.1　分步法的概念

分步法是按产品的生产步骤归集生产成本、计算产品成本的一种方法。

5.1.2　分步法的特点

（1）以每种产品的产成品及各加工步骤中的半成品为成本核算对象，设置产品成本明细账，归集生产成本。在分步法下，不仅要求计算出每一种最终产成品的成本，而且还要计算出每一加工步骤半成品的成本。所以不仅要对各种产成品设置明细账，而且还要对每种产品的各个加工步骤分别设置明细账以归集生产成本。在加工企业，通常是将不同的加工步骤分在不同的生产车间进行，生产步骤一般按车间来划分。所以分步骤计算成本，一般是按车间设置明细账，分车间来计算成本。但产品成本核算所划分的生产步骤也可能与生产工艺上的加工步骤不完全一致，根据实际需要和管理要求，可以将两个或两个以上车间合并在一起计算成本；如果车间很大，在一个车间内也可以分为若干步骤来计算成本。

（2）产品成本核算按期在月末进行。采用分步法计算产品成本，因为要以产品及所经过的各

107

个生产步骤为成本核算对象，而产品又是大量、大批、重复生产的，所以每月月末都会有大量的完工产品。在这种情况下，每月月末都需要计算产品成本。因此分步法需要在每月月末定期计算产品成本。

（3）每月月末需要将生产成本在完工产品与月末在产品之间进行分配。在多步骤大量大批生产的情况下，每月月末不仅有完工产品，而且一般都会有未完工的在产品。这样，每月月末就需要将各产品成本明细账中归集的生产成本在完工产品与在产品之间进行分配，并且每一步骤的生产成本也需要在本步骤完工的半成品与在产品之间进行费用分配。

（4）在生产的各步骤之间进行成本结转。在采用分步法并要求分步骤计算半成品成本的情况下，由于上一步骤生产的半成品是下一步骤的加工对象，因此上一步骤生产的半成品成本也要结转到下一生产步骤。各步骤之间进行成本结转是分步法的一个重要特点。

5.1.3　分步法的适用范围

分步法主要适用于大量、大批的多步骤生产，如纺织、造纸、冶金、化工、机械制造企业等。在这些企业中，产品生产可以分若干生产步骤进行。如纺织企业的生产可以分为纺纱、织布等步骤；造纸企业的生产可以分为制浆、制纸等步骤；冶金企业的生产可以分为炼铁、炼钢、轧钢等步骤；机械制造企业的生产可分为铸造、加工、装配等步骤。在连续式复杂生产的企业中，生产步骤可以间断，生产工艺是由各个连续的若干生产步骤所组成的，除最后一个生产步骤外，每个步骤都生产出不同的半成品，这些半成品既可以作为下一步骤加工的对象，也可以对外出售。如果对外出售，就必须计算出该半成品的成本。即使半成品不对外出售，出于成本管理的需要，很多企业也要求提供各步骤半成品的成本资料。在这种情况下，就需要采用分步法来计算产品成本。

5.1.4　分步法的分类

由于不同企业多步骤生产的加工方式不同，所以产品成本核算的分步法又分为两大类，即逐步结转分步法和平行结转分步法。逐步结转分步法主要适用于连续式多步骤生产，而平行结转分步法则主要适用于装配式多步骤生产。下面分别介绍逐步结转分步法和平行结转分步法。

1. 逐步结转分步法

逐步结转分步法，是按产品加工的先后顺序，随着各步骤半成品的实物向下一步骤转移，将上一步骤半成品的成本也逐步从上一步骤向下一步骤结转的这样一种成本结转方法。采用逐步结转分步法计算成本，实际上每一步骤生产成本的归集及半成品成本的计算采用的都是品种法。所以，可以将分步法看成是品种法的连接。就每一步骤来看，成本核算都是采用的品种法，但将各步骤的品种法连接起来就成了逐步结转分步法。

2. 平行结转分步法

平行结转分步法是各步骤不计算、也不向下一步骤结转半成品成本，各步骤只计算本步骤所发生的费用，并在期末将本步骤发生的费用中应由最终产成品承担的份额，平行结转给最终产成品（即结转到产品成本核算汇总表）的一种成本核算方法。

平行结转分步法主要适用于装配式多步骤生产企业。在大量大批装配时，多步骤生产的企业通常在不同地点对各种原材料平行地进行加工，加工成各种零、部件后，再将各种零、部件装配成产成品。机械制造业一般属于这种类型。在这种类型的企业中，可采用平行结转分步法计算产品成本。对连续式多步骤生产，如果管理上不要求计算各步骤半成品成本，也可以采用平行结转分步法计算产品成本。分步法的分类如图 5-1 所示。

分步法 { 逐步结转分步法 { 综合结转分步法（需要成本还原）
分项结转分步法 }
平行结转分步法

图 5-1　分步法的分类

5.2　逐步结转分步法及其应用

cfo 告诉你

　　掌握综合结转分步法和分项结转分步法的核算过程。

关
键
术
语

逐步结转分步法
自制半成品

5.2.1　逐步结转分步法的含义

　　逐步结转分步法是为了分步计算半成品成本而采用的一种分步法，也称计算半成品成本分步法。它是按照产品加工的顺序，逐步计算并结转半成品成本，直到最后加工步骤完成才能计算产成品成本的一种方法。它按照产品加工顺序先计算第一个加工步骤的半成品成本，然后结转给第二个加工步骤，这时，第二个步骤把第一个步骤结转来的半成品成本加上本步骤消耗的材料成本和加工成本，即可求得第二个加工步骤的半成品成本。这种方法用于大量、大批连续式复杂性生产的企业。这种类型的企业，不仅将产成品作为商品对外销售，而且生产步骤中所产生的半成品也经常作为商品对外销售。例如，钢铁厂的生铁、钢锭，纺织厂的棉纱等，都需要计算半成品成本。

逐步结转分步法在完工产品和在产品之间分配生产成本，即在各步骤完工产品和在产品之间进行分配。其优点为：一是能提供各个生产步骤的半成品成本资料；二是为各生产步骤的在产品实物管理及资金管理提供资料；三是能够全面地反映各生产步骤的生产耗费水平，更好地满足各生产步骤成本管理的要求。其缺点为：成本结转工作量较大，各生产步骤的半成品成本如果采用逐步综合结转分步法，还要进行成本还原，增加了核算的工作量。

5.2.2　逐步结转分步法的成本计算程序

逐步结转分步法的成本计算程序按各步骤完工的半成品是否经过半成品库进行收发而有所不同。

1. 半成品通过半成品库收发的计算程序

（1）根据第一生产步骤产品成本明细账上各成本项目归集的生产耗费和支出，计算出完工的半成品成本。在半成品验收入库时，借记"自制半成品——第一步骤（某半成品）"账户，贷记"生产成本——基本生产成本——第一步骤（某半成品）"账户。

（2）第二生产步骤从半成品仓库领取第一步骤自制半成品时，借记"生产成本——基本生产成本——第二步骤（某半成品）"账户，贷记"自制半成品——第一步骤（某半成品）"账户。然后，根据第二生产步骤产品成本明细账上各成本项目归集的生产耗费和支出（包括消耗的第一步骤半成品成本），计算出第二步骤完工的半成品成本。按与第一步骤完工半成品入库与领用相同的方式进行第二步骤的会计处理。按照生产步骤的顺序，累计结转半成品成本，直至最后一个生产步骤完成，计算出产成品的生产成本。半成品通过仓库收发，其实物转移程序和成本结转程序如图 5-2 和图 5-3 所示。

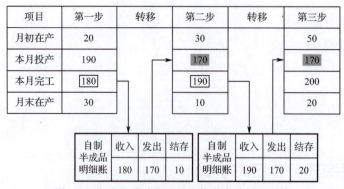

图 5-2　半成品通过半成品库收发实物转移程序

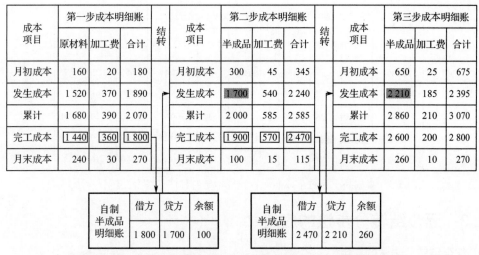

成本项目	第一步成本明细账			结转	成本项目	第二步成本明细账			结转	成本项目	第三步成本明细账		
	原材料	加工费	合计			半成品	加工费	合计			半成品	加工费	合计
月初成本	160	20	180		月初成本	300	45	345		月初成本	650	25	675
发生成本	1 520	370	1 890		发生成本	1 700	540	2 240		发生成本	2 210	185	2 395
累计	1 680	390	2 070		累计	2 000	585	2 585		累计	2 860	210	3 070
完工成本	1 440	360	1 800		完工成本	1 900	570	2 470		完工成本	2 600	200	2 800
月末成本	240	30	270		月末成本	100	15	115		月末成本	260	10	270

自制半成品明细账	借方	贷方	余额
	1 800	1 700	100

自制半成品明细账	借方	贷方	余额
	2 470	2 210	260

图 5-3　半成品通过半成品库收发成本结转程序（综合结转分步法）

2. 半成品不通过半成品库收发的计算程序

（1）根据第一生产步骤产品成本明细账上各成本项目归集的生产耗费和支出，计算出完工的半成品成本。由于半成品直接转入下一生产步骤，第一步骤的完工半成品的成本就是第二步骤本期投入的半成品成本，所以，应根据完工的半成品成本，借记"生产成本——基本生产成本——第二步骤（某半成品）"账户，贷记"生产成本——基本生产成本——第一步骤（某半成品）"账户。

（2）第二生产步骤将第一生产步骤转来的半成品成本，加上本步骤领用的原材料和发生的加工费用，计算出第二步骤完工的半成品成本，再转入第三步骤的产品成本明细账上。以此类推，直至最后一个生产步骤计算出产成品的生产成本。

半成品不通过半成品库收发，其实物转移程序和成本结转程序（综合结转分步法）如图 5-4 和图 5-5 所示（图中的完工产品成本与月末在产品成本计算是采用约当产量比例法计算的，原材料在生产开始时一次投入，在产品完工程度为 50%）。

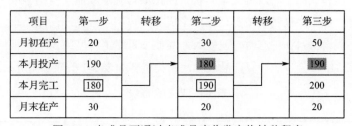

项目	第一步	转移	第二步	转移	第三步
月初在产	20		30		50
本月投产	190		180		190
本月完工	180		190		200
月末在产	30		20		20

图 5-4　半成品不通过半成品库收发实物转移程序

成本项目	第一步成本明细账			结转	第二步成本明细账			结转	第三步成本明细账		
	原材料	加工费	合计		半成品	加工费	合计		半成品	加工费	合计
月初成本	160	20	180		300	45	345		650	25	675
发生成本	1 520	370	1 890	→	1 800	555	2 355	→	2 470	195	2 665
累计	1 680	390	2 070		2 100	600	2 700		3 120	220	3 340
完工成本	1 440	360	1 800		1 900	570	2 470		2 600	200	2 800
月末成本	240	30	270		200	30	230		520	20	540

图 5-5　半成品不通过半成品库收发成本结转程序（综合结转分步法）

5.2.3　逐步结转分步法的应用

1. 综合结转分步法的应用

采用这种结转方式结转半成品成本时，如果半成品不通过半成品库收发，上一步骤完工的半成品成本直接转入下一步骤产品成本明细账中的"半成品"项目，不必计算，直接转入即可；如果半成品通过半成品库收发，各步骤所消耗上一步骤的半成品成本，应根据所消耗半成品的实际数量乘以半成品的实际单位成本计算。各月所产半成品的实际单位成本不同，因而所消耗半成品实际单位成本的计算可根据企业的实际情况，选择使用以下方法确定。

- 先进先出法。以"先入库的先发出"这一假定为前提，并根据这种假定的成本流转顺序对发出和结存的半成品进行计价。
- 全月一次加权平均法。其计算公式如下：

$$\text{加权平均单位成本} = \frac{\text{月初结存半成品的实际成本} + \text{本月入库半成品实际成本}}{\text{月初结存半成品数量} + \text{本月入库半成品数量}}$$

发出半成品成本 = 发出半成品的实际数量 × 加权平均单位成本

【情景 5-1】2018 年 9 月 30 日，华信调料加工厂为多步骤生产企业，设有三个基本生产车间，糖化车间、发酵车间和成品车间，糖化车间生产糖化液自制半成品入自制半成品库，发酵车间在糖化液半成品基础上加工成糊精半成品，糊精半成品入自制半成品库，成品车间在糊精半成品基础上生产出味精。假设材料在生产时一次投入，其他项目完工程度为 50%。根据生产成本特点和管理要求，采用综合结转分步法计算产品成本，相关资料如表 5-1 ～表 5-4 所示。

表 5-1　期初余额表

2018 年 9 月 1 日

单位：元

车间	自制半成品	直接材料	直接人工	制造费用	合计
糖化车间		2 000.00	1 200.00	800.00	4 000.00
发酵车间	3 260.00	4 620.00	3 180.00	1 480.00	12 540.00
成品车间	5 200.00	3 620.00	2 460.00	1 420.00	12 700.00

表 5-2 本期发生费用情况表

2018 年 9 月 30 日
单位：元

车间	自制半成品	直接材料	直接人工	制造费用	合计
糖化车间		24 600.00	12 450.00	8 620.00	45 670.00
发酵车间		28 200.00	16 420.00	10 200.00	54 820.00
成品车间		35 200.00	21 230.00	16 250.00	72 680.00

表 5-3 本月生产数量表

2018 年 9 月 30 日
单位：千克

车间	期初	本期增加	本期完工	期末在产品
糖化车间	2 000	24 230	23 520	2 710
发酵车间	4 200	38 000	39 600	2 600
成品车间	3 820	38 600	40 680	1 740

表 5-4 自制半成品期初余额表

2018 年 9 月 1 日

半成品名称	数量（千克）	单价（元/千克）	金额（元）
糖化液	22 000	1.85	40 700.00
糊精	8 200	3.30	27 060.00

（1）根据表 5-1～表 5-3 的数据和糖化液生产成本明细账，编制糖化液的成本计算单，如表 5-5 所示。

表 5-5 成本计算单

产品名称：糖化液
2018 年 9 月 30 日
单位：元

摘要	直接材料	直接人工	制造费用	合计
月初在产品成本	2 000.00	1 200.00	800.00	4 000.00
本月生产费用	24 600.00	12 450.00	8 620.00	45 670.00
合计	26 600.00	13 650.00	9 420.00	49 670.00
完工产品成本	23 755.20	12 936.00	8 937.60	45 628.80
单位成本	1.01	0.55	0.38	1.94
月末在产品成本	2 844.80	714.00	482.40	4 041.20

审核 蒋俊飞　　　　　　　　　　　　　　　　制表 唐浩然

直接材料分配率 =26 600÷(23 520+2 710)=1.01（元/千克）

直接材料完工产品成本 =1.01×23 520=23 755.2（元）

直接材料在产品成本 =26 600-23 755.2=2 844.8（元）

直接人工分配率 =13 650÷(23 520+2 710×0.5)=0.55

直接人工完工产品成本 =0.55×23 520=12 936（元）

直接人工在产品成本 =13 650-12 9360=714（元）

制造费用分配率 =9 420÷(23 520+2 710×0.5)=0.38（元/千克）

制造费用完工产品成本 =0.38×23 520=8 937.6（元）

制造费用在产品成本 =9 420-8 937.6=482.4（元）

根据成本计算单（如表 5-5 所示），登记糖化液基本生产成本明细分类账中完工产品成本，如图 5-6 所示。

基本生产成本明细分类账

二级科目 糖化液

2018年 月 日	凭证号 字 号	摘要	直接材料	直接人工	制造费用	辅助费用	其他	合计
9 1		期初余额	200000	120000	80000			400000
30	略	领用材料	2460000					2860000
30		结算工资		1245000				4105000
30		结转制造费用			862000			4967000
30		结转完工产品成本	2375520	1293600	893760			4041120
30		月末在产品成本	284480	71400	48240			404120

图 5-6　基本生产成本——糖化液明细账

根据成本计算单（如表 5-5 所示），编制糖化液自制半成品完工入库的会计分录如下：

借：自制半成品——糖化液　　　　　　45 628.80

　　贷：基本生产成本——糖化液　　　　　　45 628.80

根据表 5-3 ～表 5-5，登记自制半成品明细分类账，如图 5-7 所示。

自制半成品明细分类账

二级科目 糖化液　　　　　　　　　　　　　　　　　　　　　　　　　　　单位：元

2018年 月 日	凭证号 字 号	摘要	借方 数量	借方 单价	借方 金额	贷方 数量	贷方 单价	贷方 金额	结存 数量	结存 单价	结存 金额
9 1		期初余额							22 000	1.85	4070000
2	略	完工入库	23 520	1.94	4562880						
16		生产领用				38 000	1.90	7220000	7 520	1.90	1412880

图 5-7　糖化液自制半成品明细分类账

加权平均单位成本 =（40 700+45 628.8）÷（22 000+23 520）=1.9（元）

本月生产领用的糖化液 =38 000×1.9=72 200（元）

根据表 5-3 中发酵车间领用糖化液数量和自制半成品明细账中单位成本计价，编制会计分录如下：

借：基本生产成本——糊精　　　　　　　　72 200

　　贷：自制半成品——糖化液　　　　　　　　　　72 200

（2）根据表 5-1 ～表 5-3 中的数据和糊精生产成本明细账，编制糊精的成本计算单，如表 5-6 所示。

表 5-6　成本计算单

产品名称：糊精　　　　　　　　　　　　2018 年 9 月 30 日　　　　　　　　　　　　单位：元

摘要	自制半成品	直接材料	直接人工	制造费用	合计
月初在产品成本	3 260.00	4 620.00	3 180.00	1 480.00	12 540.00
本月生产费用	72 200.00	28 200.00	16 420.00	10 200.00	127 020.00
合计	75 460.00	32 820.00	19 600.00	11 680.00	139 560.00
完工产品成本	70 884.00	30 888.00	19 008.00	11 484.00	132 264.00
单位成本	1.79	0.78	0.48	0.29	3.34
月末在产品成本	4 576.00	1 932.00	592.00	196.00	7 296.00

审核　蒋俊飞　　　　　　　　　　　　　　　　　　　　　　　　　　　　　制表　唐浩然

自制半成品分配率 =75 460÷（39 600+2 600）=1.79（元/千克）

自制半成品完工产品成本 =1.79×39 600=70 884（元）

自制半成品在产品成本 =75 460-70 884=4 576（元）

直接材料分配率 =32 820÷（39 600+2 600）=0.78（元/千克）

直接材料完工产品成本 =0.78×39 600=30 888（元）

直接材料在产品成本 =32 820-30 888=1 932（元）

直接人工分配率 =19 600÷（39 600+2 600×0.5）=0.48（元/千克）

直接人工完工产品成本 =0.48×39 600=19 008（元）

直接人工在产品成本 =19 600-19 008=592（元）

制造费用分配率 =11 680÷（39 600+2 600×0.5）=0.29（元/千克）

制造费用完工产品成本 =0.29×39 600=11 484（元）

制造费用在产品成本 =11 680-11 484=196（元）

根据成本计算单（如表 5-6 所示），登记糊精基本生产成本明细分类账中完工产品成本如图 5-8 所示。

根据成本计算单（如表 5-6 所示），编制糊精自制半成品完工入库的会计分录如下：

借：自制半成品——糊精　　　　　132 264

　　贷：基本生产成本——糊精　　　　　132 264

根据表 5-3、表 5-4、表 5-6，登记糊精自制半成品明细分类账，如图 5-9 所示。

加权平均单位成本＝（27 060+132 264）÷（8 200+39 600）=3.33（元）

本月生产领用的糊精＝38 600×3.33=128 538（元）

基本生产成本明细分类账

二级科目 糊精

2018年 月	日	凭证号 字 号	摘要	自制半成品	直接材料	直接人工	制造费用	其他	合计
9	1		期初余额	3 260 00	4 620 00	3 180 00	1 480 00		12 540 00
	1	略	领用自制半成品	72 200 00					84 740 00
	30		领用材料		28 200 00				112 940 00
	30		结算工资			16 420 00			129 360 00
	30		结转制造费用				10 200 00		139 560 00
	30		结转完工产品成本	70 884 00	30 888 00	19 008 00	11 484 00		7 296 00
	30		月末在产品成本	4 576 00	1 932 00	592 00	196 00		7 296 00

图 5-8　基本生产成本——糊精明细分类账

自制半成品明细分类账

单位：元

二级科目 糊精

2018年 月	日	凭证号 字 号	摘要	借方 数量	单价	金额	贷方 数量	单价	金额	结存 数量	单价	金额
9	1		期初余额							8 200	3.30	27 060 00
	12	略	完工入库	39 600	3.34	132 264 00						
	16		生产领用				38 600	3.33	128 538 00	9 200	3.33	30 786 00

图 5-9　糊精自制半成品明细分类账

根据图 5-9 中成品车间领用糊精数量和自制半成品明细分类账中单位成本计价，编制会计分录如下：

借：基本生产成本——味精　　　　　128 538

　　贷：自制半成品——糊精　　　　　　128 538

（3）根据表 5-1～表 5-3 中的数据和味精生产成本明细分类账编制味精的成本计算单，如表 5-7 所示。

表 5-7 成本计算单

产品名称：味精　　　　　　　　　　2018 年 9 月 30 日　　　　　　　　　　单位：元

摘要	自制半成品	直接材料	直接人工	制造费用	合计
月初在产品成本	5 200.00	3 620.00	2 460.00	1 420.00	12 700.00
本月生产费用	128 538.00	35 200.00	21 230.00	16 250.00	201 218.00
合计	133 738.00	38 820.00	23 690.00	17 670.00	213 918.00
完工产品成本	128 142.00	37 425.60	23 187.60	17 492.40	206 247.60
单位成本	3.15	0.92	0.57	0.43	5.07
月末在产品成本	5 596.00	1 394.40	502.40	177.60	7 670.40

审核 蒋俊飞　　　　　　　　　　　　　　　　　　　　制表 唐浩然

自制半成品分配率 =133 738÷（40 680+1 740）=3.15（元/千克）

自制半成品完工产品成本 =3.15×40 680=128 142（元）

自制半成品在产品成本 =133 738-128 142=5 596（元）

直接材料分配率 =38 820÷（40 680+1 740）=0.92（元/千克）

直接材料完工产品成本 =0.92×40 680=37 425.6（元）

直接材料在产品成本 =38 820-37 425.6=1 394.4（元）

直接人工分配率 =23 690÷（40 680+1 740×0.5）=0.57（元/千克）

直接人工完工产品成本 =0.57×40 680=23 187.6（元）

直接人工在产品成本 =23 690-23 187.6=502.4（元）

制造费用分配率 =17 670÷（40 680+1 740×0.5）=0.43（元/千克）

制造费用完工产品成本 =0.43×40 680=17 492.4（元）

制造费用在产品成本 =17 670-17 492.4=177.6（元）

根据表 5-7 登记味精基本生产成本明细分类账中完工产品成本，如图 5-10 所示。

图 5-10 基本生产成本——味精明细账

根据表 5-7 编制味精产成品完工入库的会计分录如下：

借：库存商品——味精　　　　　　 206 247.6

　　贷：基本生产成本——味精　　　　　　　206 247.6

【情景 5-2】承【情景 5-1】中的资料，对成品车间味精成本明细账中算出的本月产成品成本中所消耗发酵车间半成品费用 128 142 元进行成本还原。本例需要进行两次还原：第一次成本还原按照发酵车间成本明细账中算出的本月所生产糊精成本 132 264 元的成本构成对 128 142 元进行成本还原；第二次成本还原，针对第一次成本还原中所计算出的综合性成本项目按照糖化车间本月所生产的糖化液的成本结构，即 45 628.8 元的成本结构进行成本还原，直至求出按原始成本项目反映的味精的产成品成本资料。根据三个车间产品成本明细账的有关资料，编制产品成本还原计算表，如图 5-11 所示。

成 本 还 原 计 算 表

	项目	产量（千克）	还原分配率1	还原分配率2	半成品（糊精）	半成品（糖化液）	直接材料	直接人工	制造费用	合计
	还原前产品成本				128 142.00		37 425.60	23 187.60	17 492.40	206 247.60
第一次还原 糊精	车间本月所产半成品成本					70 884.00	30 888.00	19 008.00	11 484.00	132 264.00
	产成品中半成品成本还原		0.97		-128 142.00	68 757.48	29 961.36	18 437.76	10 985.40	0.00
第二次还原 糖化液	车间本月所产半成品成本					23 755.20	12 936.00	8 937.60	45 628.80
	产成品中半成品成本还原			1.51		-68 757.48	35 870.35	19 533.36	13 353.77	0.00
	还原后总成本						103 257.31	61 158.72	41 831.57	206 247.60
	还原后单位成本	40 680.00					2.54	1.50	1.03	5.07

图 5-11　成本还原计算表

从上述实例可以看出，采用综合结转分步法可以反映各生产步骤消耗原材料、自制半成品和加工费用的水平及自制半成品和产成品的成本，有利于各个生产步骤成本的管理、控制、分析和考核，便于分清各自的生产经营效果和责任。为了反映产品成本的原始构成，加强企业综合成本的管理，需要进行成本还原，因此增加了成本计算的工作量。这种方法主要适用于分步生产、管理上又要求分别反映各生产步骤完工半成品成本的企业。

2. 分项结转分步法的应用

采用这种结转方式结转半成品成本时，如果半成品不通过半成品库收发，上一步骤完工的半成品成本，按照成本项目直接转入下一步骤产品成本明细账中的相应成本项目即可；如果半成品通过半成品库收发，各步骤所消耗上一步骤的半成品成本，采用全月一次加权平均法分成本项目计算。其计算公式为：

发出半成品某项目成本 = 发出半成品的实际数量 × 某成本项目加权平均单位成本

第二步骤及以后步骤的产品成本明细账中的每一个成本项目都区分为"上步转入"和"本步发生"两栏。这是因为，对于月末在产品成本来说，上步转入的半成品成本已经全部投入，无论哪个成本项目都应当将"上步转入"数额视同原材料在生产开始时一次投入处理，应当与本月完工半成品或产成品同等分配生产成本；"本步发生"的生产耗费与支出尚未全部投入，应当按完工程度计算在产品约当产量后，再与本月完工半成品或产成品一起分配生产成本。这样，在采用分项结转分步法时，产品生产成本明细账中的每一个成本项目都区分为上步转入成本和本步发生成本，有利于正确计算月末在产品成本。为了简化计算，若各成本项目内不区分上步转入成本和本步发生成本，则应当在考虑这两种成本投入的不同情况以后，再确定月末在产品各成本项目的完工程度或已完成的定额工时等，正确将生产成本在本月完工产品和月末在产品之间进行分配。

【情景 5-3】华信调料加工厂生产味精分为三个步骤，分别由三个车间进行。糖化车间生产糖化液自制半成品入自制半成品库，发酵车间在糖化液半成品的基础上加工成糊精半成品，入自制半成品库，成品车间在糊精半成品的基础上生产出味精。所消耗半成品费用按全月一次加权平均单位成本计算，三个车间的月末在产品均按定额成本计价。根据生产成本特点和管理要求，采用分项结转分步法计算产品成本，相关资料如表 5-8～表 5-11 所示。成本计算程序如下所述。

表 5-8　期初余额表

2018 年 9 月 1 日　　　　　　　　　　　　　　　　　　　　　单位：元

车　间	直接材料	直接人工	制造费用	合计
糖化车间	2 000.00	1 200.00	800.00	4 000.00
发酵车间	4 620.00	3 180.00	1 480.00	9 280.00
成品车间	3 620.00	2 460.00	1 420.00	7 500.00

表 5-9　本期发生费用情况表

2018 年 9 月 30 日　　　　　　　　　　　　　　　　　　　　单位：元

车　间	直接材料	直接人工	制造费用	合计
糖化车间	24 600.00	12 450.00	8 620.00	45 670.00
发酵车间	28 200.00	16 420.00	10 200.00	54 820.00
成品车间	35 200.00	21 230.00	16 250.00	72 680.00

表 5-10　本月生产数量表

2018 年 9 月 30 日　　　　　　　　　　　　　　　　　　　　单位：元

车　间	直接材料	直接人工	制造费用	合计
糖化车间	2 000.00	24 230.00	23 520.00	49 750.00
发酵车间	4 200.00	38 000.00	39 600.00	81 800.00
成品车间	3 820.00	38 600.00	40 680.00	48 360.00

表 5-11　自制半成品期初余额表

2018 年 9 月 1 日

半成品名称	数量（千克）	单价（元/千克）	金额（元）
糖化液	22 000	1.96	43 120.00
糊精	8 200	3.30	27 060.00

（1）根据表 5-8～表 5-11 中的数据及糖化液生产成本明细账，编制糖化液的成本计算单，如表 5-12 所示。

表 5-12 成本计算单

产品名称：糖化液　　　　2018 年 9 月 30 日　　　　单位：元

摘要	直接材料	直接人工	制造费用	合计
月初在产品成本	2 000.00	1 200.00	800.00	4 000.00
本月生产费用	24 600.00	12 450.00	8 620.00	45 670.00
合计	26 600.00	13 650.00	9 420.00	49 670.00
完工产品成本	23 755.20	12 936.00	8 937.60	45 628.80
单位成本	1.01	0.55	0.38	1.94
月末在产品成本	2 844.80	714.00	482.40	4 041.20

审核 蒋俊飞　　　　制表 唐浩然

根据表 5-12 所示，登记糖化液基本生产成本明细分类账中完工产品成本，如图 5-12 所示。

基本生产成本明细分类账

二级科目 糖化液

2018 年 月	日	凭证号 字	号	摘要	成本项目 直接材料	直接人工	制造费用	辅助费用	其他	合计
9	1			期初余额	200000	120000	80000			400000
	30	略		领用材料	2460000					2860000
	30			结算工资		1245000				4105000
	30			结转制造费用			862000			4967000
	30			结转完工产品成本	2375520	1293600	893760			404120
	30			月末在产品成本	284480	71399	48240			404120

图 5-12 基本生产成本——糖化液明细账

根据表 5-12 编制糖化液自制半成品完工入库的会计分录如下：

借：自制半成品——糖化液　　　　45 628.80

　　贷：基本生产成本——糖化液　　　　45 628.80

根据表 5-8 ～表 5-12，登记自制半成品明细账，如图 5-13 所示。

自制半成品明细账

二级科目 糖化液

2018 年 月	日	凭证号	摘要	收入 数量	收入 单价 直接材料	收入 单价 直接人工	收入 单价 制造费用	收入 金额 直接材料	收入 金额 直接人工	收入 金额 制造费用	发出 数量	发出 单价 直接材料	发出 单价 直接人工	发出 单价 制造费用	发出 金额 直接材料	发出 金额 直接人工	发出 金额 制造费用	结存 数量	结存 单价 直接材料	结存 单价 直接人工	结存 单价 制造费用	结存 金额 直接材料	结存 金额 直接人工	结存 金额 制造费用
9	1		期初余额															22 000	1.00	0.56	0.40	22 000.00	12 320.00	8 800.00
	30	略	完工入库	23 520	1.01	0.55	0.38	23 755.20	12 936.00	8 937.60														
	30		生产领用								42 000	1.01	0.55	0.39	42 420.00	23 100.00	16 380.00	3 520	1.01	0.55	0.39	3 335.20	2 156.00	1 357.60

图 5-13 自制半成品——糖化液明细账

根据糖化液自制半成品明细账中的数量及各项费用，编制会计分录如下：

借：基本生产成本——糊精　　　　　　　81 900

　　贷：自制半成品——糖化液　　　　　　　81 900

（2）根据表5-8～表5-11中的数据及糊精生产成本明细账编制糊精的成本计算单，如表5-13所示。

表 5-13　成本计算单

产品名称：糊精　　　　　　　　　　　2018 年 9 月 30 日　　　　　　　　　　　单位：元

摘要	直接材料	直接人工	制造费用	合计
月初在产品成本	4 620.00	3 180.00	1 480.00	9 280.00
本月生产费用	70 620.00	39 520.00	26 580.00	136 720.00
合计	75 240.00	42 700.00	28 060.00	146 000.00
完工产品成本	70 488.00	41 184.00	27 324.00	138 996.00
单位成本	1.78	1.04	0.69	3.51
月末在产品成本	4 752.00	1 516.00	736.00	7 004.00

审核　蒋俊飞　　　　　　　　　　　　　　　　　　　　　　　制表　唐浩然

根据表5-13，登记糊精基本生产成本明细分类账中完工产品成本，如图5-14所示。

图 5-14　基本生产成本——糊精明细账

根据表5-13，编制糊精自制半成品完工入库的会计分录如下：

借：自制半成品——糊精　　　　　　　138 996

　　贷：基本生产成本——糊精　　　　　　　138 996

根据表5-8～表5-11及表5-13，登记糊精自制半成品明细账，如图5-15所示。

根据糊精自制半成品明细账中的数量及各项费用，编制会计分录如下：

借：基本生产成本——味精　　　　　　　133 380

　　贷：自制半成品——糊精　　　　　　　133 380

自制半成品明细账

二级科目 糊精

2018年		凭证号	摘要	收入						发出						结存					
月	日			数量	单价			金额			数量	单价			金额			数量	单价			金额		
					直接材料	直接人工	制造费用	直接材料	直接人工	制造费用		直接材料	直接人工	制造费用	直接材料	直接人工	制造费用		直接材料	直接人工	制造费用	直接材料	直接人工	制造费用

图 5-15　自制半成品——糊精明细账

（3）根据表 5-8～表 5-11 及味精生产成本明细账编制味精的成本计算单，如表 5-14 所示。

表 5-14　成本计算单

产品名称：味精　　　　　　　　　　2018 年 9 月 30 日　　　　　　　　　　单位：元

摘要	直接材料	直接人工	制造费用	合计
月初在产品成本	3 620.00	2 460.00	1 420.00	7 500.00
本月生产费用	102 840.00	60 750.00	42 470.00	206 060.00
合计	106 460.00	63 210.00	43 890.00	213 560.00
完工产品成本	102 106.80	61 833.60	43 120.80	207 061.20
单位成本	2.51	1.52	1.06	5.09
月末在产品成本	4 353.20	1 376.40	769.20	6 498.80

审核　蒋俊飞　　　　　　　　　　　　　　　　　　　　　制表　唐浩然

根据表 5-14，登记味精基本生产成本明细分类账中完工产品成本，如图 5-16 所示。

基本生产成本明细分类账

二级科目 味精

2018年		凭证号		摘要	成本项目					合计
月	日	字	号		直接材料	直接人工	制造费用	辅助费用	其他	
9	1			期初余额	3 620 00	2 460 00	1 420 00			7 500 00
	30	略		领用自制半成品	67 640 00	39 520 00	26 220 00			140 880 00
	30			领用材料	35 200 00					176 080 00
	30			结算工资		21 230 00				197 310 00
	30			结转制造费用			16 250 00			213 560 00
	30			结转完工产品成本	102 106 80	61 833 60	43 120 80			6 498 80
	30			月末在产品成本	4 353 20	1 376 40	769 20			6 498 80

图 5-16　基本生产成本——味精明细账

根据成本计算单（如表 5-14），编制味精产成品完工入库的会计分录如下：

借：库存商品——味精　　　　　　　207 061.20

　　贷：基本生产成本——味精　　　　　　207 061.20

从上述实例可以看出，采用分项结转分步法结转半成品成本，可以直接、正确地提供按原始成本项目反映的产成品成本资料，便于从整个企业角度考核和分析产品成本计划的执行情况，不需要进行成本还原。但是，这种方法的成本结转工作比较复杂，而且在各步骤完工产品成本中看不出所消耗上一步骤半成品成本和本步骤加工费用的水平，不便于进行完工产品成本分析。因此，这种结转方法一般适用于管理上不要求分别提供各步骤完工产品所耗半成品成本和本步骤加工费用资料，但要求按原始成本项目反映产品成本的企业。

5.3 平行结转分步法及其应用

cfo 告诉你

掌握平行结转分步法的特点及核算过程。

关
键
术
语

平行结转分步法

5.3.1 平行结转分步法的含义

平行结转分步法也称不计算半成品成本分步法，指在计算各步骤成本时，不计算各步骤所产半成品的成本，也不计算各步骤所耗上一步骤的半成品成本，而只计算本步骤发生的各项其他成本，以及这些成本中应计入产成品的份额，将相同产品的各步骤成本明细账中的这些份额平行结转、汇总，即可计算出该种产品的产成品成本。平时各生产步骤都归集本步骤发生的各种耗费与支出，前一生产步骤完工的半成品转入下一生产步骤继续加工时，只转移半成品实物，不转移半成品成本。到月末再采用一定的分配方法，确定每一生产步骤应计入完工产成品成本的生产成本份额，然后汇总各步骤计入完工产成品成本的生产成本份额求得完工产品成本。可见，平行结转分步法只计算完工产成品成本，而不计算各生产步骤的半成品成本。

5.3.2 平行结转分步法的特点

与逐步结转分步法相比，平行结转分步法的特点如下所述。

（1）各生产步骤不计算半成品成本。各生产步骤只归集本步骤耗费的原材料、燃料及动力、职工薪酬和制造费用等，但不计算本步骤的半成品成本。

（2）各生产步骤之间不结转半成品成本。在生产过程中，上一生产步骤半成品实物转入下一生产步骤继续加工时，不论半成品是否通过仓库收发，都不通过"自制半成品"账户进行核算，即半成品成本不随半成品实物转移而结转。

（3）产品生产成本要在完工产品和在产品之间分配。

采用平行结转分步法，每一生产步骤的生产成本也要在其完工产品与月末在产品之间进行分配。但是完工产品是指企业最后完成的产成品；在产品是指各步骤尚未加工完成的在产品和各步骤已完工但尚未最终完成的产品，即广义的在产品。

各生产步骤将归集的生产成本在本月完工产成品与本步骤月末广义在产品之间的分配一般采用约当产量比例法和定额比例法等。

（4）通过汇总各生产步骤应计入完工产成品成本的生产成本份额确定完工产品成本，将各步骤生产成本中应计入产成品成本的份额，平行结转、汇总计算该种产成品的总成本和单位成本。

5.3.3 平行结转分步法的适用范围

平行结转分步法主要适用于成本管理上要求分步归集生产耗费与支出，但不要求分步计算半成品成本的企业，特别是半成品不对外销售的多步骤生产企业。当这些企业各生产步骤半成品的种类比较多，半成品对外销售的情况又很少时，采用平行结转分步法，会简化和加速成本计算工作。在某些连续式多步骤生产企业中，如果各生产步骤所产半成品仅供本企业下一步骤继续加工，不准备对外出售，也可以采用平行结转分步法计算产品成本。

5.3.4 平行结转分步法的成本计算程序

平行结转分步法的成本计算程序，不受各步骤完工半成品转移是否经过半成品库进行收发的影响，其计算程序如下所述。

（1）按产成品品种设置完工产品成本汇总表，用来归集各生产步骤应计入本月完工产成品成本的生产成本份额。

（2）将各生产步骤归集的生产成本在本月完工产品与本步骤月末广义在产品之间进行分配，以确定应计入完工产成品成本的生产成本份额。

（3）将各步骤应计入相同完工产成品成本的生产成本份额，平行结转至完工产品成本汇总表，汇总计算该种产成品的总成本和单位成本。

平行结转分步法成本计算程序如图 5-17 所示。

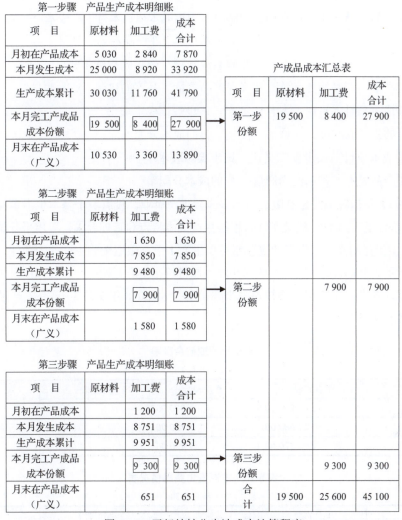

第一步骤　产品生产成本明细账

项　目	原材料	加工费	成本合计
月初在产品成本	5 030	2 840	7 870
本月发生成本	25 000	8 920	33 920
生产成本累计	30 030	11 760	41 790
本月完工产成品成本份额	19 500	8 400	27 900
月末在产品成本（广义）	10 530	3 360	13 890

第二步骤　产品生产成本明细账

项　目	原材料	加工费	成本合计
月初在产品成本		1 630	1 630
本月发生成本		7 850	7 850
生产成本累计		9 480	9 480
本月完工产成品成本份额		7 900	7 900
月末在产品成本（广义）		1 580	1 580

第三步骤　产品生产成本明细账

项　目	原材料	加工费	成本合计
月初在产品成本		1 200	1 200
本月发生成本		8 751	8 751
生产成本累计		9 951	9 951
本月完工产成品成本份额		9 300	9 300
月末在产品成本（广义）		651	651

产成品成本汇总表

项　目	原材料	加工费	成本合计
第一步份额	19 500	8 400	27 900
第二步份额		7 900	7 900
第三步份额		9 300	9 300
合计	19 500	25 600	45 100

图 5-17　平行结转分步法成本计算程序

5.3.5　平行结转分步法的应用

平行结转分步法是将各生产步骤应计入相同完工产成品成本的生产成本份额平行汇总，以求得完工产品成本的一种方法。这种方法的重点是确定各步骤应计入本月完工产成品的生产成本份额，常用的方法有约当产量比例法和定额比例法等。

1. 按约当产量比例法确定各步骤应计入本月完工产成品的生产成本份额

确定各步骤应计入本月完工产成品的生产成本份额，实际上就是各步骤生产成本在本月完工产成品与本步骤广义在产品之间的分配。本月产成品就是最后步骤的完工产品。本步骤广义在产品包括尚在本步骤加工中的在制品（本步骤狭义在产品）；本步骤已经完工、但尚未最后加工完成，转移到后续步骤并正在加工的自制半成品（后续步骤的狭义在产品），或转移到半成品仓库的自制半成品。所以，采用约当产量比例法确定各步骤应计入本月完工产成品的生产成本份额时，其计算公式为：

$$\frac{某成本项目的}{成本分配率} = \frac{该成本项目月初在产品成本 + 该成本项目本月生产成本}{本月完工成品产量 + 本月广义在产品约当产量}$$

$$\frac{某步骤广义在}{产品约当产量} = \frac{该步骤狭义在}{产品约当产量} + \frac{该步骤后续步骤}{狭义在产品数量} + \frac{该步骤后续步骤自制半成}{品库的自制半成品数量}$$

$$\frac{某步骤某成本项目本月完}{工产成品的生产成本份额} = \frac{本月完工产}{成品产量} \times \frac{该步骤该成本项}{目的成本分配率}$$

$$\frac{某步骤某成本项目}{的广义在产品成本} = \frac{该步骤广义在}{产品约当产量} \times \frac{该步骤该成本项}{目的成本分配率}$$

【情景 5-4】华信啤酒股份有限公司为多步骤生产企业，设有三个基本生产车间，生产流程依次为制麦车间、酿造车间、灌装车间。根据生产成本特点和管理要求，采用平行结转分布法计算产品成本。1 千克制麦车间生产的麦芽浆可以生产 1 千克酿造车间生产的麦芽汁，灌装车间生产 1 瓶啤酒需要 2 千克酿造车间生产的麦芽汁。原材料在生产开始时一次投入，月末在产品按约当产量法计算，在产品完工程度均按 50% 计算。该企业 2018 年 9 月 30 日有关产量及其他相关资料如表 5-15～表 5-17 所示。

表 5-15　期初余额表

2018 年 9 月 1 日

单位：元

车　间	直接材料	直接人工	制造费用	合计
制麦车间	1 200.00	800.00	600.00	2 600.00
酿造车间	1 680.00	1 120.00	840.00	3 640.00
灌装车间	2 120.00	1 420.00	1 060.00	4 600.00

表 5-16　本期发生费用情况表

2018 年 9 月 30 日

单位：元

车　间	直接材料	直接人工	制造费用	合计
制麦车间	24 300.00	16 400.00	12 800.00	53 500.00
酿造车间	26 200.00	16 850.00	13 260.00	56 310.00
灌装车间	28 400.00	20 500.00	16 820.00	65 720.00

表 5-17　本月生产数量表

2018 年 9 月 30 日

单位：千克

车　间	直接材料	直接人工	制造费用	合计
制麦车间	1 000	50 000	50 500	101 500.00
酿造车间	2 000	50 500	51 800	104 300.00
灌装车间	1 500	25 900	26 500	53 900.00

注意：制麦车间本月完工 50 500 千克，即酿造车间本期增加 50 500 千克，酿造车间单位产品（半成品、在产品）消耗制麦车间半成品 1 千克；酿造车间本月完工 51 800 千克，即灌装车间本期增

加 25 900 瓶，灌装车间单位产品（半成品、在产品）消耗酿造车间 2 千克。

（1）根据表 5-15 ～表 5-17 中的数据及麦芽浆生产成本明细账编制麦芽浆的成本计算单，如表 5-18 所示。

表 5-18　成本计算单

产品名称：麦芽浆　　　　　　　　　　　2018 年 9 月 30 日　　　　　　　　　　　单位：元

摘要	直接材料	直接人工	制造费用	合计
月初在产品成本	1 200.00	800.00	600.00	2 600.00
本月生产费用	24 300.00	16 400.00	12 800.00	53 500.00
合计	25 500.00	17 200.00	13 400.00	56 100.00
完工产品成本	24 115.00	16 430.00	12 720.00	53 265.00
单位成本	0.91	0.62	0.48	2.01
月末在产品成本	1 385.00	770.00	680.00	2 835.00

审核　张建宇　　　　　　　　　　　　　　　　　　　　　　　　　　　制表　孙华媛

制麦车间成本计算单中有关项目计算如下：

直接材料分配率 =25 500÷（26 5000+500÷2+700÷2+900）=0.91（元/千克）

直接材料完工产品成本 =0.91×26 500=24 115（元）

直接材料在产品成本 =25 500-24 115=1 385（元）

直接人工分配率 =17 200÷（26 500+500÷2×50%+700÷2+900）=0.62（元/千克）

直接人工完工产品成本 =0.62×26 500=16 430（元）

直接人工在产品成本 =17 200-16 430=770（元）

制造费用分配率 =13 400÷（26 500+500÷2×50%+700÷2+900）=0.48（元/千克）

制造费用完工产品成本 =0.48×26 500=12 720（元）

制造费用在产品成本 =13 400-12 720=680（元）

根据表 5-18 所示，登记麦芽浆基本生产成本明细分类账中完工产品成本，如图 5-18 所示。

图 5-18　基本生产成本——麦芽浆明细账

（2）根据表 5-15～表 5-17 中的数据及麦芽汁生产成本明细账编制麦芽汁的成本计算单，如表 5-19 所示。

表 5-19　成本计算单

产品名称：麦芽汁　　　　　　　　　2018 年 9 月 30 日　　　　　　　　　　单位：元

摘要	直接材料	直接人工	制造费用	合计
月初在产品成本	1 680.00	1 120.00	840.00	3 640.00
本月生产费用	26 200.00	16 850.00	13 260.00	56 310.00
合计	27 880.00	17 970.00	14 100.00	59 950.00
完工产品成本	26 500.00	17 225.00	13 515.00	57 240.00
单位成本	1.00	0.65	0.51	2.16
月末在产品成本	1 380.00	745.00	585.00	2 710.00

审核　张建宇　　　　　　　　　　　　　　　　　　　　　　　　制表　孙华媛

酿造车间成本计算单中有关项目计算如下：

直接材料分配率 =27 880÷（26 500+700÷2+900）=1（元/千克）

直接材料完工产品成本 =1×27 880=26 500（元）

直接材料在产品成本 =27 800-26 500=1 380（元）

直接人工分配率 =17 970÷（26 500+700÷2×50%+900）=0.65（元/千克）

直接人工完工产品成本 =0.65×26 500=17 225（元）

直接人工在产品成本 =17 970-17 225=745（元）

制造费用分配率 =14 100÷（26 500+700÷2×50%+900）=0.51（元/千克）

制造费用完工产品成本 =0.51×26 500=13 515（元）

制造费用在产品成本 =14 100-13 515=585（元）

根据成本计算单（如表 5-19 所示），登记麦芽汁基本生产成本明细分类账中完工产品成本，如图 5-19 所示。

（3）根据表 5-15～表 5-17 中的数据及啤酒生产成本明细账编制啤酒的成本计算单，如表 5-20 所示。

图 5-19　基本生产成本——麦芽汁明细账

表 5-20 成本计算单

产品名称：啤酒　　　　2018 年 9 月 30 日　　　　单位：元

摘要	直接材料	直接人工	制造费用	合计
月初在产品成本	2 120.00	1 420.00	1 060.00	4 600.00
本月生产费用	28 400.00	20 500.00	16 820.00	65 720.00
合计	30 520.00	21 920.00	17 880.00	70 320.00
完工产品成本	29 415.00	21 465.00	17 490.00	68 370.00
单位成本	1.11	0.81	0.66	2.58
月末在产品成本	1 105.00	455.00	390.00	1 950.00

审核 张建宇　　　　制表 孙华媛

灌装车间成本计算单中有关项目计算如下：

直接材料分配率 =30 520÷（26 500+900）=1.11（元/瓶）

直接材料完工产品成本 =1.11×26 500=29 415（元）

直接材料在产品成本 =30 520−29 415=1 105（元）

直接人工分配率 =21 920÷（26 500+900×50%）=0.81（元/瓶）

直接人工完工产品成本 =0.81×26 500=21 465（元）

直接人工在产品成本 =21 920−21 465=455（元）

制造费用分配率 =17 880÷（26 500+900×50%）=0.66（元/瓶）

制造费用完工产品成本 =0.66×26 500=17 490（元）

制造费用在产品成本 =17 880−17 490=390（元）

根据表 5-20 所示，登记啤酒基本生产成本明细分类账中完工产品成本，如图 5-20 所示。

基本生产成本明细分类账

二级科目 啤酒

2018 年 月	日	凭证号 字	号	摘要	直接材料	直接人工	制造费用	其他	合计
9	1			期初余额	212000	142000	106000		460000
	30	略		结算工资	2840000				3300000
	30			结算工资		2050000			5350000
	30			结转制造费用			1682000		7032000
	30			结转完工产品成本	2941500	2146500	1749000		195000
	30			月末在产品成本	110500	45500	39000		195000

图 5-20 基本生产成本——啤酒明细账

月末，编制产品成本计算汇总表，如图 5-21 所示。

成本计算单（总）

2018 年 9 月 30 日

单位：元

摘要	直接材料			直接人工			制造费用			合计
	制麦车间	酿造车间	灌装车间	制麦车间	酿造车间	灌装车间	制麦车间	酿造车间	灌装车间	
月初在产品成本	1 200.00	1 680.00	2 120.00	800.00	1 120.00	1 420.00	600.00	840.00	1 060.00	10 840.00
本月生产费用	24 300.00	26 200.00	28 400.00	16 400.00	16 850.00	20 500.00	12 800.00	13 260.00	16 820.00	175 530.00
合计	25 500.00	27 880.00	30 520.00	17 200.00	17 970.00	21 920.00	13 400.00	14 100.00	17 880.00	186 370.00
完工产品成本	24 115.00	26 500.00	29 415.00	16 430.00	17 225.00	21 465.00	12 720.00	13 515.00	17 490.00	178 875.00
单位成本	0.91	1.00	1.11	0.62	0.65	0.81	0.48	0.51	0.66	6.75
月末在产品成本	1 385.00	1 380.00	1 105.00	770.00	745.00	455.00	680.00	585.00	390.00	7 495.00

审核 张建宇　　　　　　　　　　　　　　　　　　　　　　　制单 孙华顺

图 5-21　产品成本计算汇总表

根据成本计算汇总表，编制会计分录如下：

借：库存商品——啤酒　　　　　　178 875

　　贷：基本生产成本——啤酒　　　　　　　　178 875

2. 按定额比例法确定各步骤应计入本月完工产成品的生产成本份额

如果企业的定额管理基础较好，各项消耗量定额和成本定额比较准确、稳定，各月月末在产品数量变动又较大时，可按定额比例法确定各步骤应计入本月完工产成品的生产成本份额。在平行结转分步法下采用定额比例法，就是将生产成本按照完工产成品和月末广义在产品的定额消耗量或定额成本的比例进行分配。其中，原材料按照原材料定额成本比例分配；燃料及动力、职工薪酬、制造费用等各项加工费，按定额工时的比例分配。

为了便于月末广义在产品成本定额资料的取得，一般按下列公式计算月末广义在产品的定额成本和定额工时。

月末广义在产　　月初广义在产　　本月投入的定　　本月完工产成

品的定额成本 ＝ 品的定额成本 ＋ 额成本或定额 － 品的定额成本

或定额工时　　　或定额工时　　　工时　　　　　或定额工时

式中"月初广义在产品的定额成本或定额工时"就是上月月末的广义在产品的定额成本或定额工时，本月不必计算。余下的本月投入和本月完工产成品的定额成本或定额工时，因为不涉及广义在产品的计算，所以在计算上也就比较简单。

【情景 5-5】假设华信啤酒股份有限公司分两个步骤生产啤酒，原材料于生产时一次投入，生产费用在完工产品与在产品之间采用定额比例分配。月末第一车间加工中的在产品麦芽汁 700千克；第二车间加工中的在产品 900 瓶、产成品 26 500 瓶。原材料按材料定额消耗量比例分配，加工费用按定额工时比例分配。第一车间单位半成品原材料消耗定额量为 2 千克，单位半成品定额工时为 3 小时，单位在产品定额工时为 2 小时。第二车间单位产成品（含在产品）消耗第一车间的麦芽汁 2 千克，第一车间本月生产费用合计为 492 685.2 元，其中：原材料 27 880 元，加工费 17 970 元。

第一车间单位原材料消耗量应负担材料成本 ＝ 27 880÷（700+900×2+26 500×2）×2 ＝ 1（元/千克）

第一车间应计入完工产品的材料成本 =26 500×2×2×1=106 000（元）

第一车间单位定额工时应负担加工费用 =17 970÷（26 500×3×2+900×3×2+700×2）=0.11（元/小时）

第一车间应计入产成品成本的加工费 =26 500×3×2×0.11=17 490（元）

则：第一车间应计入产成品的成本份额 =106 000+17 490=123 490（元）

第二车间的计算方法相同。

与逐步结转分步法相比，平行结转分步法的优点是：各步骤可以同时计算产品成本，平行汇总计入产成品成本，不必逐步结转半成品成本；能够直接提供按原始成本项目反映的产成品成本资料，不必进行成本还原，因而能够简化和加速成本计算工作。平行结转分步法的缺点是：不能提供各个步骤的半成品成本资料；在产品的费用在产品最后完成以前，不随实物转出而转出，即不按其所在的地点登记，而按其发生的地点登记，因而不能为各个生产步骤在产品的实物和资金管理提供资料；各生产步骤的产品成本不包括所消耗半成品费用，因而不能全面地反映各步骤产品的生产耗费水平（第一步骤除外），不能更好地满足这些步骤成本管理的要求。

成本核算的辅助方法

分类法的特点是以产品的类别作为成本计算对象来归集生产耗费与支出；定额法是以产品定额为基础，结合产品实际成本与定额成本之间产生的各种差异，来计算产品实际成本的方法。

本项目架构

☑ 分类法及其应用

☑ 定额法及其应用

6.1 分类法及其应用

cfo 告诉你

掌握分类法的特点及核算过程。

关键术语

分类法

6.1.1 分类法的含义和特点

产品成本计算的分类法，是以产品的类别作为成本计算对象来归集生产耗费与支出的一种产品成本计算方法。即先计算出各类完工产品成本，然后再在类内产品之间进行成本分配，进而计算出类内各种产品成本。分类法的特点如下所述。

1. 以产品的类别作为成本计算对象

在产品品种、规格繁多的企业中，为了解决成本计算对象过多而使成本计算工作量加大的问题，将产品性质、用途、生产工艺或原材料消耗等方面相同或相近的品种归为一类产品，将类别作为成本计算对象，运用品种法的原理计算出各类产品的实际总成本，再求得类内各品种的实际总成本和单位成本。基于产品成本的计算准确和合理考虑，要注意产品分类的合理性，例如：分类过少，类内产品过多，会影响计算结果的准确性；分类过细，类内产品过少，则会加大成本计算的工作量，失去分类法的意义。

133

2. 各类总成本要进一步在类内产品之间进行分配

按类别计算出各类产品成本以后，还应选择适当方法（一般采用标准产量法），将各类总成本在本类内不同品种、规格产品之间进行分配，计算出各品种、规格产品的实际总成本和单位成本。要注意分配标准的选择，力求成本分配科学合理。

6.1.2 分类法的适用范围

在一些工业企业中，生产的产品品种、规格繁多，若按产品的品种、规格归集生产耗费和支出，计算产品成本，则成本计算工作极为繁重。为简化成本计算工作，可将不同品种、规格的产品按照一定标准进行归类，采用分类法来计算产品成本。

同类产品、联产品及副产品的成本计算等都可以采用分类法。同类产品是指产品的结构、性质、用途及使用的原材料、生产工艺过程等大体相同，但规格和型号不一的产品。例如，不同功率的灯泡、不同规格的无线电原件等。联产品是指企业利用相同的原材料、在同一生产过程中，同时生产出的几种使用价值不同，但具有同等地位的主要产品。例如：炼焦企业在同一生产过程中生产出来的焦炭和煤气；炼油企业在生产过程中将原油加工提炼，生产出来的汽油、煤油和柴油等。副产品是指企业在生产主要产品的过程中，附带生产出的一些非主要产品，如洗煤生产中产生的煤泥，制皂生产中产生的甘油等。

6.1.3 分类法成本计算程序

（1）根据产品所消耗的原材料和工艺技术过程的不同，将产品划分为若干类别。

（2）按照产品的类别开立产品成本明细账，按类归集产品的生产费用，计算各类产品成本。

（3）选择合理的分配标准，将各类产品成本在类内产品间进行分配，计算类内各种产品的成本。

类内各种不同规格、型号产品之间成本的分配可以采用同一分配标准；也可以按照成本项目的性质，分别采用不同的分配标准。一般原材料成本项目可以按标准产量比例法进行分配；燃料及动力、职工薪酬和制造费用等加工费成本项目可以按定额工时比例分配。前文已讲述过，标准品产量比例分配法是将各种产品的实际产量按照预定的折合系数折算为标准品产量（总系数），以标准品产量（总系数）为分配标准来分配原材料成本的一种方法。这种方法也称系数分配法。采用标准产量比例分配法时，首先要在类内产品中选择一种产量大、生产稳定、规格适中的产品作为标准产品，企业可以根据单位产品的消耗量定额、定额成本、售价及产品的体积、面积、长度和质量等来计算各种产品的折合系数，标准产品的折合系数为1，然后计算出标准产品产量（总系数），进而计算出类内各种产品应分配的原材料成本。分类法成本计算程序如图6-1所示。

提示：计算各种产品成本包括其完工产品成本和在产品成本。为了简化计算，一般只计算各种完工产品成本。

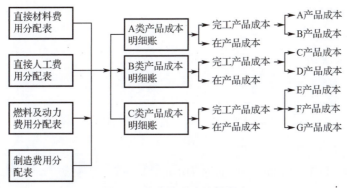

图 6-1 分类法成本计算程序

6.1.4 分类法的应用

【情景 6-1】2018 年 9 月 30 日，华信酱菜加工厂为单步骤简单生产企业，设有一个基本生产车间，大量生产泡菜类、酸菜类、酱菜类三种产品；另设有供气车间和供电车间两个辅助生产车间，为全厂提供辅助产品和劳务。根据生产成本特点和管理要求，生产三类产品采用分类法计算产品成本。

（1）2018 年 9 月工厂生产泡菜类、酸菜类、酱菜类三种产品，共消耗盐、添加剂两种辅助材料。盐消耗 800 千克，每千克 5 元；添加剂消耗 200 千克，每千克 12 元。辅助材料采用定额消耗额比例法进行分配，材料定额费用表如表 6-1 所示，2018 年 9 月发出材料汇总表如表 6-2 所示。

表 6-1 材料定额费用表

产品名称	定额费用		产　量（千克）
	定　额	单　位	
泡菜类	1.1	元/千克	18 600
酸菜类	0.8	元/千克	13 000
酱菜类	1	元/千克	19 000

表 6-2 发出材料汇总表

2018 年 9 月 30 日　　　　　　　　　　　　　　　　　　单位：元

领料部门和用途		主要原材料		辅助材料		合计
		大白菜	黄瓜	盐	添加剂	
基本生产车间	泡菜类消耗	20 000.00	16 000.00			36 000.00
	酸菜类消耗	22 000.00				22 000.00
	酱菜类消耗	14 200.00	22 000.00			36 200.00
	共同消耗			4 000.00	2 400.00	6 400.00
	合　计	56 200.00	38 000.00	4 000.00	2 400.00	100 600.00
车间管理部门消耗		200.00	400.00			600.00
辅助生产车间	供气车间消耗	100.00				100.00
	供电车间消耗		400.00			400.00
合　计		56 500.00	38 800.00	4 000.00	2 400.00	101 700.00

审核 潘文卓　　　　　　　　　　　　　　　　　　　　　　制表 蒋宇宁

① 辅助材料消耗总额：

盐消耗总额 =800×5=4 000（元）

添加剂消耗总额 =200×12=2 400（元）

② 产品消耗定额：

泡菜类消耗定额 =1.1×18 600=20 460（元）

酸菜类消耗定额 =0.8×13 000=10 400（元）

酱菜类消耗定额 =1×19 000=19 000（元）

材料分配率 =（4 000+2 400）÷（20 460+10 400+19 000）=0.13

根据以上资料编制材料费用分配表，如表 6-3 所示。

表 6-3　材料费用分配表

2018 年 9 月 30 日　　　　　　　　　　　　　　　　　　　　　　　　单位：元

应借科目			直接计入	分配计入	合计
总账科目	明细科目	成本项目			
基本生产成本	泡菜类	直接材料	36 000.00	2 659.80	38 659.80
	酸菜类	直接材料	22 000.00	1 352.00	23 352.00
	酱菜类	直接材料	36 200.00	2 388.20	38 588.20
	小　计		94 200.00	6 400.00	100 600.00
辅助生产成本	供气车间	直接材料	100.00		100.00
	供电车间	直接材料	400.00		400.00
	小　计		500.00		500.00
制造费用	基本生产车间	直接材料	600.00		600.00
合　计			95 300.00	6 400.00	101 700.00

审核　潘文卓　　　　　　　　　　　　　　　　　　　　　　制表　蒋宇宁

根据以上材料编制会计分录如下：

借：基本生成成本——泡菜类　　38 659.80

　　　　　　——酸菜类　　23 352.00

　　　　　　——酱菜类　　38 588.20

　　辅助生产成本——供气车间　　100.00

　　　　　　——供电车间　　400.00

　　制造费用　　　　　　600.00

　贷：原材料——大白菜　　　　56 500.00

　　　　　——黄瓜　　　　　38 800.00

　　　　　——盐　　　　　　4 000.00

　　　　　——添加剂　　　　2 400.00

（2）华信酱菜加工厂 2018 年 9 月份生产泡菜类、酸菜类和酱菜类这三种产品的工时分别为 4 600 小时、4 380 小时和 4 680 小时。9 月份工资结算汇总表如表 6-4 所示。根据各车间、部门的工资结算凭证和其他应付职工薪酬的计提比率，编制的工资费用分配表如表 6-5 所示。

基本生产车间工资费用分配率 =26 300÷6 000=4.38（元/小时）

泡菜类应分配的工资费用 =4.38×2 000=8 760（元）

酸菜类应分配的工资费用 =4.38×1 800=7 884（元）

酱菜类应分配的工资费用 =26 300-8 760-7 884=9 656（元）

根据以上资料，编制分配工资费用的会计分录如下：

借：基本生产成本——泡菜类　　　　8 760

　　　　　　　　——酸菜类　　　　7 884

　　　　　　　　——酱菜类　　　　9 656

　　辅助生产成本——供气车间　　 12 350

　　　　　　　　——供电车间　　 13 260

　　制造费用　　　　　　　　　　 15 800

　　管理费用　　　　　　　　　　 14 950

　　销售费用　　　　　　　　　　 10 000

　　　贷：应付职工薪酬——工资　　　　　　　92 660

表 6-4　工资结算汇总表

2018 年 9 月 30 日　　　　　　　　　　　　　　　单位：元

部门		计时工资	奖金	津贴补贴	应扣工资		应发工资	代扣款项					小计	实发工资
					病假	事假		养老保险	失业保险	医疗保险	住房公积金	个人所得税		
基本生产车间	生产工人	26 000.00	400.00	300.00	300.00	100.00	26 300.00	631.20	526.00	315.60	1 052.00	120.00	2 644.80	23 655.20
	车间管理人员	16 000.00	300.00	250.00	150.00	600.00	15 800.00	379.20	316.00	189.60	632.00	65.00	1 581.80	14 218.20
辅助生产车间	供气车间	12 000.00	420.00	280.00	200.00	150.00	12 350.00	296.40	247.00	148.20	494.00		1 185.60	11 164.40
	运输车间	13 000.00	260.00	160.00	160.00		13 260.00	318.24	265.20	159.12	530.40		1 272.96	11 987.04
企业管理部门		15 000.00	100.00	200.00	350.00		14 950.00	358.80	299.00	179.40	598.00	52.00	1 487.20	13 462.80
企业销售部门		10 000.00	100.00	400.00	400.00	100.00	10 000.00	240.00	200.00	120.00	400.00		960.00	9 040.00
合　计		92 000.00	1 580.00	1 590.00	1 560.00	950.00	92 660.00	2 223.84	1 853.20	1 111.92	3 706.40	237.00	9 132.36	83 527.64

审核　潘文卓　　　　　　　　　　　　　　　　　　　　制表　蒋宇宁

表 6-5 工资费用分配表

2018 年 9 月 30 日   单位：元

应借科目		成本或费用项目	直接计入	分配计入		职工工资合计
				生产工时（小时）	分配金额	
基本生产成本	泡菜类	直接人工		2 000.00	8 760.00	8 760.00
	酸菜类	直接人工		1 800.00	7 884.00	7 884.00
	酱菜类	直接人工		2 200.00	9 656.00	9 656.00
	小 计			6 000.00	26 300.00	26 300.00
辅助生产成本	供气车间	薪酬费用	12 350.00			12 350.00
	供电车间	薪酬费用	13 260.00			13 260.00
	小 计		25 610.00			25 610.00
制造费用		薪酬费用	15 800.00			15 800.00
管理费用		薪酬费用	14 950.00			14 950.00
销售费用		薪酬费用	10 000.00			10 000.00
合 计			66 360.00			92 660.00

审核 潘文卓   制表 蒋宇宁

（3）根据有关账簿记录编制的固定资产折旧表如表 6-6 所示。

表 6-6 固定资产折旧表

2018 年 9 月 30 日   单位：元

科目	使用部门	固定资产项目	固定资产原值			月折旧率	本月折旧额
			月初余额	月增加额	月减少额		
制造费用	生产车间	房屋	480 000.00			0.3%	1 440.00
		生产设备	45 800.00			0.4%	183.20
	供气车间	房屋	280 000.00			0.3%	840.00
		供气设备	90 000.00			0.4%	360.00
	供电车间	房屋	135 000.00			0.3%	405.00
		发电设备	105 000.00			0.4%	420.00
	小 计		1 135 800.00				3 648.20
管理费用	管理部门	房屋	375 680.00			0.3%	1 127.04
		办公设备	25 700.00			1.5%	385.50
	小 计		401 380.00				1 512.54
销售费用	销售部门	房屋	180 000.00			0.3%	540.00
		办公设备	22 700.00			1.5%	340.50
	小 计		202 700.00				880.50
合 计			1 739 880.00				6 041.24

审核 潘文卓   制表 蒋宇宁

根据表 6-6 编制会计分录如下：

借：制造费用　　　　　　　　　3 648.20

　　管理费用　　　　　　　　　1 512.54

　　销售费用　　　　　　　　　　880.50

　　贷：累计折旧　　　　　　　　　　　6 041.24

（4）本月发生的其他费用如表 6-7 所示，编制分配其他费用的会计分录。

表 6-7　其他费用分配表

2018 年 8 月 31 日　　　　　　　　　　　　　　　　　单位：元

车间、部门	会计科目	明细科目	银行存款支付
基本生产车间	制造费用	制造费用	3 200.00
供气车间	辅助生产成本	供气车间	2 640.00
运输车间	辅助生产成本	供电车间	1 620.00
管理部门	管理费用		3 200.00
销售部门	销售费用		1 500.00
合　　计			12 950.00

审核　潘文卓　　　　　　　　　　　　　　　　　　　　制表　蒋宇宁

根据表 6-7 编制会计分录如下：

借：辅助生产成本——供气车间　2 640.00

　　　　　　　　——供电车间　1 620.00

　　制造费用　　　　　　　　　3 200.00

　　管理费用　　　　　　　　　3 200.00

　　销售费用　　　　　　　　　1 500.00

　　贷：银行存款　　　　　　　　　　12 950.00

（5）华信酱菜加工厂有供气和供电两个辅助生产车间，2018 年 9 月份辅助车间分配情况表如表 6-8 所示。采用交互分配法对辅助生产费用进行分配，编制辅助生产费用分配表如表 6-9 所示。

表 6-8　辅助车间分配情况表

受益部门＼辅助生产车间		供气车间（立方米）	供电车间（度）
待分配辅助生产费用（元）		15 090.00	15 280.00
供应劳务数量（立方米、度）		1 800	10 385
辅助生产车间	供气车间消耗量		1 200
	供电车间消耗量	15	
基本生产车间	第一车间消耗量	880	4 550
	第二车间消耗量	872	4 050
行政部门消耗量		15	320
销售部门消耗量		18	265

表 6-9　辅助生产费用分配表

2018 年 9 月 30 日

辅助生产车间名称		交互分配			对外分配		
		供气车间（立方米）	供电车间（度）	合计	供气车间（立方米）	供电车间（度）	合计
待分配辅助生产费用（元）		15 090.00	15 280.00	30 370.00	16 728.30	13 641.70	30 370.00
供应劳务数量（立方米、度）		1 800.00	10 385.00	12 185.00			
费用分配率（元/立方米、元/度）		8.38	1.47		9.37	1.49	
辅助生产车间消耗	机修车间 消耗量		1 200	1 200			
	机修车间 分配金额（元）		1 764.00	1 764.00			
	供电车间 消耗量	15		15			
	供电车间 分配金额（元）	125.70		125.70			
	分配金额小计（元）	125.70	1 764.00	1 889.70			
基本生产消耗	第一车间 消耗量				880	4 550	
	第一车间 分配金额（元）				8 245.60	6 779.50	15 025.10
	第二车间 消耗量				872	4 050	
	第二车间 分配金额（元）				8 170.64	6 034.50	14 205.14
	分配金额小计（元）				16 416.24	12 814.00	29 230.24
行政部门消耗	消耗量				15	320	
	分配金额（元）				140.55	476.80	617.35
销售部门消耗	消耗量				18	265	
	分配金额（元）				171.51	350.90	522.41
合计（元）					16 728.30	13 641.70	30 370.00

审核　潘文卓　　　　　　　　　　　　　　　　　　制表　蒋宇宁

根据表 6-9 编制会计分录如下：

借：辅助生产成本——供气车间　　　　　　125.70

　　　　　　　　——供电车间　　　　　　1 764.00

　　贷：辅助生产成本——供气车间　　　　　　　　　125.70

　　　　　　　　　　——供电车间　　　　　　　　　1 764.00

借：制造费用——第一车间　　　　　　15 025.10

　　　　　　——第二车间　　　　　　14 205.14

　　管理费用　　　　　　　　　　　　617.35

　　销售费用　　　　　　　　　　　　522.41

　　贷：辅助生产成本——供气车间　　　　　　　　16 728.30

　　　　　　　　　　——供电车间　　　　　　　　13 641.70

（6）根据制造费用明细分类账如图 6-2 所示归集的制造费用，按生产工人工时编制制造费用分配表，如表 6-10 所示。生产工人工时为：泡菜类 2 000 小时，酸菜类 1 800 小时，酱菜类 2 200 小时。

制造费用明细分类账

2018 年 月	日	凭证号 字	号	摘要	直接材料	直接人工	制造费用	辅助费用	其他	合计
9	30	略		分配原材料	60000					60000
	30			分配工资费用		1580000				1640000
	30			分配折旧费用			364820			2004820
	30			分配其他费用				2923024		4927844
	30			分配辅助生产费用					2923024	7850868
	30			结转制造费用	60000	1580000	364820	2923024	2923024	0

图 6-2 制造费用明细分类账

表 6-10 制造费用分配表

2018 年 9 月 30 日　　单位：元

应借科目		生产工时（小时）	分配率	分配金额
基本生产成本	泡菜类	2 000.00		26 160.00
	酸菜类	1 800.00		23 544.00
	酱菜类	2 200.00		28 804.68
合　计		6 000.00	13.08	78 508.68

审核 潘文卓　　制表 蒋宇宁

根据表 6-10 编制会计分录如下：

借：基本生产成本——泡菜类　　26 160.00
　　　　　　　　——酸菜类　　23 544.00
　　　　　　　　——酱菜类　　28 804.68
　贷：制造费用　　　　　　　　78 508.68

（7）华信酱菜加工厂 2018 年 9 月产品完工情况如表 6-11 所示，产品完工率为 60%，根据上述各种费用的分配，编制三种产品成本计算单如表 6-12 ～表 6-14 所示。

表 6-11 产品完工情况表

2018 年 9 月 30 日　　单位：千克

产品名称	月初在产品数量	投产数量	完工数量	在产品数量
泡菜类	1 500	6 000	6 250	1 250
酸菜类	1 700	5 200	5 860	1 040
酱菜类	500	6 500	5 680	1 320

表 6-12　成本计算单（泡菜类）

产品名称：泡菜类　　　　　　　　　　2018 年 9 月 30 日　　　　　　　　　　单位：元

摘要	直接材料	直接人工	制造费用	合计
月初在产品成本	1 200.00	800.00	2 800.00	4 800.00
本月生产费用	38 659.80	8 760.00	26 160.00	73 579.80
合计	39 859.80	9 560.00	28 960.00	78 379.80
完工产品成本	33 187.50	8 562.50	25 875.00	67 625.00
单位成本	5.31	1.37	4.14	10.82
月末在产品成本	6 672.30	997.50	3 085.00	10 754.80

审核　潘文卓　　　　　　　　　　　　　　　　　　　　　　　　　　制表　蒋宇宁

表 6-13　成本计算单（酸菜类）

产品名称：酸菜类　　　　　　　　　　2018 年 9 月 30 日　　　　　　　　　　单位：元

摘要	直接材料	直接人工	制造费用	合计
月初在产品成本	1 020.00	600.00	260.00	1 880.00
本月生产费用	23 352.00	7 884.00	23 544.00	54 780.00
合计	24 372.00	8 484.00	23 804.00	56 660.00
完工产品成本	20 685.80	7 676.60	21 506.20	49 868.60
单位成本	3.53	1.31	3.67	8.51
月末在产品成本	3 686.20	807.40	2 297.80	6 791.40

审核　潘文卓　　　　　　　　　　　　　　　　　　　　　　　　　　制表　蒋宇宁

表 6-14　成本计算单（酱菜类）

产品名称：酱菜类　　　　　　　　　　2018 年 9 月 30 日　　　　　　　　　　单位：元

摘要	直接材料	直接人工	制造费用	合计
月初在产品成本	1 420.00	1 060.00	820.00	3 300.00
本月生产费用	38 588.20	9 656.00	28 804.68	77 048.88
合计	40 008.20	10 716.00	29 624.68	80 348.88
完工产品成本	32 489.60	9 428.80	26 014.40	67 932.80
单位成本	5.72	1.66	4.58	11.96
月末在产品成本	7 518.60	1 287.20	3 610.28	12 416.08

审核　潘文卓　　　　　　　　　　　　　　　　　　　　　　　　　　制表　蒋宇宁

（8）假设材料为一次投入，其他项目完成程度为 60%，结转完工产品成本如表 6-15 所示。

表 6-15　结转完工产品

2018 年 9 月 30 日　　　　　　　　　　单位：元

产品名称	期初余额	本期增加	本期完工	期末在产品
泡菜类	4 800.00	73 579.80	67 625.00	10 754.80
酸菜类	1 880.00	54 780.00	49 868.60	6 791.40
酱菜类	3 300.00	77 048.88	67 932.80	12 416.08

审核　潘文卓　　　　　　　　　　　　　　　　　　　　　　　　　　制表　蒋宇宁

根据表 6-15 编制会计分录如下：

借：库存商品——泡菜类　　　　　　　67 625

　　　　——酸菜类　　　　　　　　49 868.6

　　　　——酱菜类　　　　　　　　67 932.8

　　贷：基本生产成本——泡菜类　　　　　　　67 625

　　　　　　——酸菜类　　　　　　　　　49 868.6

　　　　　　——酱菜类　　　　　　　　　67 932.8

（9）根据上述各种费用分配表和其他有关资料，登记基本生产成本明细分类账，如图 6-3 ～ 图 6-5 所示。

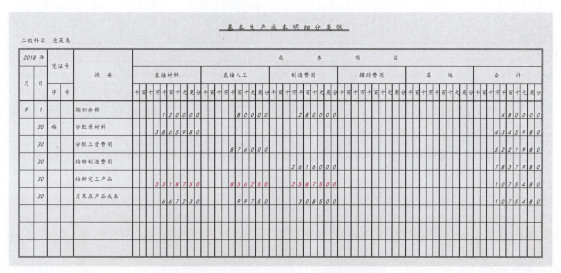

图 6-3　基本生产成本——泡菜类明细账

图 6-4　基本生产成本——酸菜类明细账

基 本 生 产 成 本 明 细 分 类 账

二级科目 酱菜类

2018年 月/日	凭证号 字/号	摘要	直接材料	直接人工	制造费用	辅助费用	其他	合计
9 1		期初余额	142000	106000	82000			330000
30	略	分配原材料	3858820					4188820
30		分配工资费用		965600				5154420
30		结转制造费用			2880468			8034888
30		结转完工产品	3248960	942880	2601440			12416080
30		月末在产品成本	751860	128720	361028			12416080

图 6-5　基本生产成本——酱菜类明细账

　　采用分类法计算产品成本，领料单、工时记录等原始凭证和原始记录，可以只按产品类别填列，在各种要素费用分配表中可以只按产品类别分配要素费用，产品成本明细账可以只按产品类别开设。从而不仅能简化成本计算工作，而且能够在产品品种、规格繁多的情况下，分类掌握产品成本的情况。但是，由于在类内各种产品成本的计算中，不论是原材料项目还是加工费项目，都是按一定的分配标准按比例进行分配的，因此计算结果有一定的假定性。

6.2　定额法及其应用

cfo 告诉你

掌握定额法的特点及核算过程。

关 键 术 语

定额法
定额成本
脱离定额差异
限额法
切割法

6.2.1　定额法的含义和特点

产品成本计算的定额法是指将产品的定额管理与成本核算有机结合起来，以产品定额为基础，结合产品实际成本与定额成本之间产生的各种差异，来计算产品实际成本的方法。因此，它是一种成本核算与成本管理紧密结合的方法。其主要特点如下所述。

（1）以事先制定产品的定额成本，作为成本控制的目标和成本核算的基础。

前文所述产品成本计算的品种法、分批法、分步法和分类法，都是按照其生产耗费与支出的实际发生额进行核算的，没有事先制定产品的定额成本，因此，不能及时提供实际成本与定额成本之间产生的差异，不利于更好地加强成本定额管理，不能及时对产品成本进行控制和管理，不能更有效地发挥成本核算对于节约费用、降低成本的作用。而产品成本计算的定额法，是把产品成本的计划、控制、核算和分析结合在一起，事先制定产品的定额成本，并作为成本控制的目标。因此，产品成本计算的定额法有利于加强成本管理，从而有效克服了上述几种成本计算方法的弱点。

（2）在生产耗费和支出发生的当时，就将符合定额的耗费、支出与发生的差异分别核算，以加强对成本差异的日常核算、分析和控制。

（3）月末，在定额成本的基础上，加减各种成本差异，计算产品的实际成本，为成本的定期考核和分析提供数据。

采用定额法计算产品成本时，实际成本的计算公式如下：

实际成本 = 定额成本 ± 脱离定额差异 ± 材料成本差异 ± 定额变动差异

6.2.2　定额法的适用范围

定额法主要适用于定额管理制度比较健全，定额管理基础工作比较好，产品生产已经定型，各项消耗定额比较准确、稳定的企业。由于该种方法与企业生产类型没有直接联系，所以，这种方法可以与品种法、分批法、分步法等基本方法结合起来使用。

6.2.3　定额法成本核算程序

1. 制定单位产品定额成本

定额成本是指根据企业现行材料消耗定额、工时定额、费用定额及其他有关资料计算的一种成本控制目标。采用定额法计算产品成本，必须首先制定产品的原材料、工时等消耗定额，并根据各项消耗定额和原材料计划单价、计划小时职工薪酬率（计划每小时生产工人薪酬）、计划小时制造费用率（计划每小时制造费用）等资料，计算产品的各成本项目定额和单位产品的定额成本。单位产品的各成本项目定额计算公式为：

单位产品原材料定额 = 单位产品的原材料消耗量 × 原材料计划单价

单位产品职工薪酬定额 = 单位产品生产工时定额 × 计划小时工资率

单位产品制造费用定额 = 单位产品生产工时定额 × 计划小时制造费用率

产品定额成本一般由计划部门、技术部门和财会部门共同制定。由于产品生产工艺过程的特点不同，定额成本的制定程序也不尽相同。产品零部件不多的企业，一般是先制定零件定额成本，再汇总制定部件和产品的定额成本；若产品的零部件较多，为简化计算，也可以直接根据零部件的原材料消耗定额、工时消耗定额及职工薪酬、制造费用计划分配率计算部件定额成本，再汇总计算整个产品的定额成本，或根据零部件定额卡等有关资料直接计算确定单位产品的定额成本。制定单位产品定额成本一般通过编制"单位产品定额成本计算表"来进行。

【情景6-2】华信机械股份有限公司对产品成本核算采用定额法。产品组成如下：HXDJ—电机本月投产500台。制作HXDJ—电机所需要的零部件及制造零部件所需消耗的材料如表6-16～表6-24所示。

表6-16　产品零部件消耗表

产品		部件		零件		原材料	
编号	名称	编号	名称	编号	名称	编号	名称
D-1	HXDJ—电机	B-1	机芯	L001	转子绕组	Y001	漆包线
						Y002	矽钢片
				L002	定子绕组	Y001	漆包线
						Y002	矽钢片
				L003	传动组	Y003	45# 钢坯
						Y004	轴承
						Y005	带轮
						Y006	轮架
		B-2	机壳	L004	散热组	Y007	风扇
						Y008	电刷
				L005	外壳	Y009	前端盖
						Y010	后端盖
						Y011	后罩盖
						Y012	机座
				L006	外设	Y013	集成块
						Y014	接线盒

表6-17　转子绕组定额卡

零件编号	L001	零件名称	转子绕组
材料编号	材料名称	计量单位	材料消耗定额
Y001	漆包线	千克	2
Y002	矽钢片	千克	1
工序	工时定额		累计工时定额
101	1		1
102	1.5		2.5
103	0.5		3

表 6-18　定子绕组定额卡

零件编号	L001	零件名称	转子绕组
材料编号	材料名称	计量单位	材料消耗定额
Y001	漆包线	千克	2
Y002	矽钢片	千克	1
工序	工时定额		累计工时定额
201	2		2
202	1		3

表 6-19　传动组定额卡

零件编号	L003	零件名称	传动组
材料编号	材料名称	计量单位	材料消耗定额
Y003	45# 钢坯	千克	10
Y004	轴承	副	1
Y005	带轮	副	1
Y006	轮架	副	1
工序	工时定额		累计工时定额
301	1		1

表 6-20　散热组定额卡

零件编号	L004	零件名称	散热组
材料编号	材料名称	计量单位	材料消耗定额
Y007	风扇	副	1
Y008	电刷	支	1
工序	工时定额		累计工时定额
401	0.2		0.2

表 6-21　外壳定额卡

零件编号	L005	零件名称	外壳
材料编号	材料名称	计量单位	材料消耗定额
Y009	前端盖	支	1
Y010	后端盖	支	1
Y011	后罩盖	支	1
Y012	机座	支	1
工序	工时定额		累计工时定额
501	0.1		0.1

表 6-22　外设定额卡

零件编号	L006	零件名称	外设
材料编号	材料名称	计量单位	材料消耗定额
Y013	集成块	副	1
Y014	接线盒	副	1
工序	工时定额		累计工时定额
601	0.3		0.3

表 6-23　机芯定额卡

部件　B-1 机芯　　　　　　　　　　　　　　　　　　　　金额单位：元

材料		零件											合计
		转子绕组				定子绕组				传动组			
编号	名称	消耗零件数量	材料数量	计划单价	金额	零件消耗数量	材料数量	计划单价	金额	零件消耗数量	材料数量	计划单价	金额	
Y001	漆包线	3	6	40.00	240.00	4	8	40.00	20.00					560.00
Y002	矽钢片	3	3	30.00	90.00	4	4	30.00	20.00					210.00
Y003	45# 钢坯									1	10	40.00	400.00	400.00
Y004	轴承									1	1	80.00	80.00	80.00
Y005	带轮									1	1	20.00	20.00	120.00
Y006	轮架									1	1	300.00	300.00	300.00
合计														1 670.00
工时消耗定额		9				12				1				22
组装														3
合计														25

表 6-24　机壳定额卡

部件　B-2 机壳　　　　　　　　　　　　　　　　　　　　金额单位：元

材料		零件											合计
		转子绕组				定子绕组				传动组			
编号	名称	消耗零件数量	材料数量	计划单价	金额	零件消耗数量	材料数量	计划单价	金额	零件消耗数量	材料数量	计划单价	金额	
Y007	风扇	1	1	80.00	80.00									80.00
Y008	电刷	1	1	40.00	40.00									40.00
Y009	前端盖					1	1	200.00	200.00					200.00
Y010	后端盖					1	1	200.00	200.00					200.00
Y011	后罩盖					1	1	80.00	80.00					80.00
Y012	机座					1	1	150.00	150.00					150.00
Y013	集成块									1	1	600.00	600.00	600.00
Y014	接线盒									1	1	60.00	60.00	60.00

续表

材料		零件												合计
		转子绕组				定子绕组				传动组				
编号	名称	消耗零件数量	材料数量	计划单价	金额	零件消耗数量	材料数量	计划单价	金额	零件消耗数量	材料数量	计划单价	金额	
合 计														1 290.00
工时消耗定额		0.2				0.1				0.3				0.6
组 装														6
合 计														6.6

2018 年 9 月 1 日，假定直接人工计划工资为 14 元/小时，制造费用计划工资 10 元/小时。根据零部件消耗定额制定产品定额成本，其单位产品定额成本计算表如表 6-25 所示，单位产品定额成本计算汇总表如表 6-26 所示。

表 6-25 单位产品消耗定额计算表

单位：元

工序或消耗部件名称	消耗部件数量	材料消耗定额		工时消耗定额	
		部件定额	产品定额	部件定额	产品定额
机芯	1	1 670.00	1 670.00	25	25
机壳	1	1 290.00	1 290.00	6.6	6.6
装配					20
合计			2 960.00		51.6

表 6-26 单位产品定额成本计算汇总表

单位：元

产品名称	直接材料定额成本	工时消耗定额	直接人工		制造费用		定额成本合计
			计划小时工资率	定额	计划小时费用率	定额	
HXDJ—电机	2 960.00	51.60	14.00	722.40	10.00	516.00	4 198.40
合计	2 960.00	51.60		722.40		516.00	4 198.40

2. 计算脱离定额差异

脱离定额差异是指产品生产过程中实际发生的各项耗费、支出脱离现行定额的差异。

（1）原材料脱离定额差异的计算。

从含义来看，原材料脱离定额差异的计算公式为：

$$原材料脱离定额差异 = \Sigma \left(原材料实际消耗量 \times 原材料实际单价 - 原材料定额消耗量 \times 原材料计划单价 \right)$$

从计算公式可以看出，原材料脱离定额差异是由原材料消耗量和原材料单价两个因素决定的，其中包括材料价格差异，即材料成本差异。但在实际工作中，为了便于产品成本的分析和考核，一般单独计算产品成本应负担的材料成本差异。这里所说的原材料脱离定额差异实际上是指原材料实际消耗量与原材料定额消耗量不同而产生的原材料成本差异，其计算公式为：

$$原材料脱离\\定额差异 = \Sigma \left(原材料实\\际消耗量 \times 原材料\\实际单价 - 原材料定\\额消耗量 \times 原材料\\计划单价 \right)$$

$$= \Sigma \left(原材料实际消耗额\\（按计划价格计算） - 原材料\\定额消耗量 \right)$$

$$= \Sigma \left[\left(原材料实际消耗额\\（按计划价格计算） - 原材料\\定额消耗量 \right) \times 原材料\\计划单价 \right]$$

原材料的计划单价是事先确定的，不必按月计算，那么，计算脱离定额差异的重点就是计算原材料实际消耗量和原材料定额消耗量。

$$本月原材料的\\实际消耗量 = 本月原材料\\的领用量 + 车间月初原\\材料盘存量 - 车间月末原\\材料盘存量$$

上式中的本月原材料的领用量可以根据领料单汇总计算，原材料月初、月末盘存量可通过月末实地盘点获得。

$$本月原材料的实际消耗\\额（按计划价格计算） = \Sigma \left(本月原材料的\\实际消耗量 \times 原材料\\计划单价 \right)$$

$$本月原材料\\定额消耗量 = 本月完工产品的\\原材料定额成本 + 月末在产品的\\原材料定额成本 - 月初在产品的\\原材料定额成本$$

$$或 = \left(本月完工\\产品产量 + 月末在产品\\约当产量 - 月初在产品\\约当产量 \right) \times 单位产品原\\材料定额成本$$

$$= 本月产品\\投产量 \times 原材料消\\耗量定额 \times 原材料\\计划单价$$

其中：

$$本月完工产品的\\原材料定额成本 = 本月完工\\产品产量 \times 单位产品原材\\料定额成本$$

$$月初（月末）在产\\品原材料定额成本 = 月初（月末）\\在产品约当产量 \times 单位产品原材\\料定额成本$$

① 限额法。限额法是指根据产品产量和核定的单位消耗定额控制领料数量的一种方法。采用限额法的企业必须建立限额领料制度。在领料过程中，符合定额的原材料应根据限额定额领料单或定额发料单等定额凭证领发。由于其他原因需要超额领料或领用代用材料，根据专设的超额材料领用单、代用材料领用单等差异凭证，经过一定的审批手续领发。超额领用的材料，全部都是定额差异，代用材料并不都是定额差额，要先计算出所领代用材料相当于原规定材料的数量，然后再计算出差异。

【情景6-3】承【情景6-2】，华信机械股份有限公司2018年9月份领用漆包线生产转子绕组1 500件，定子绕组2 000件，车间本月期初有漆包线2 100千克，本期领用15 200千克，期末结余1 000千克，本月漆包线的限额领料单如图6-6所示，本月发生的原材料脱离定额差异计算如下。

a. 直接材料定额消耗量。

转子绕组直接材料定额消耗量 =1 500×2=3 000（千克）

定子绕组直接材料定额消耗量 =2 000×2=4 000（千克）

b. 直接材料实际消耗量。

直接材料实际消耗量 =7 020+1 200−1 000=7 220（千克）

c. 直接材料脱离定额差异。

直接材料脱离定额差异 =7 220−7 000=220（千克）

直接材料脱离定额差异额 =220×40=8 800（元）

② 切割法。切割法是指根据材料切割消耗定额和应切割毛坯数量控制材料消耗量的一种方法，这种方法适用于板材、棒材和棍材等必须要经过切割方能使用的材料的定额管理。采用切割核算法进行用料控制时，应先采用限额法控制领用材料，然后通过材料切割单核算用料差异，以达到控制切割用料的目的。材料切割核算单应该按切割材料的批别开立，单中填明发交材料的种类、数量、消耗定额、应切割的毛坯数量和材料的实际消耗量。根据实际切割成的毛坯数量和消耗定额，求出材料消耗定额消耗量，再与材料的实际消耗量相比较，确定用料脱离定额差异。

限额领料单

领料部门：第一车间　　2018 年 9 月　　发料仓库：1号库

用　　途：生产绕组　　凭证编号：1

材料类别	材料编号	名称规格	计量单位	领料限额	实际领用	单价	金额	备注
原材料	Y001	漆包线	千克	7 020	7 020	40.00	280 800.00	
日期	请领		实发			限额结余	退库	
	数量	金额	数量	发料人	领料人		数量	退库单
2018.9.2	2 100	84 000.00	2 100	王珊	刘羽启	4 920		
2018.9.12	3 200	128 000.00	3 200	王珊	刘羽启	1 720		
2018.9.22	1 720	68 800.00	1 720	王珊	刘羽启	0		
合计								

第二联财务部门记账

主管 宋晓军　　仓库负责人 张晓辉　　领料人 刘羽启

图 6-6　限额领料单

【情景 6-4】承【情景 6-2】，华信机械股份有限公司领用 45# 钢坯 4 600 千克用来生产传动组，材料计划单价 80 元。材料切割单如表 6-27 所示。

表 6-27　材料切割单

单位：千克

发料数量	退回余料数量	材料实际消耗量	废料实际收回量
4 600	200	4 400	170
单位产品消耗定额	单位回收废料定额	应切割成毛坯数量	实际切割毛坯数量	材料定额消耗量	废料定额收回量
10.00	0.60	440	420	4 200	252

材料脱离定额差异		废料脱离定额差异			
数量	金额（元）	数量	单价（元）	金额（元）	
200	16 000	82	0.50	41.00	

应切割成毛坯数量 =4 400÷10=440（千克）

材料定额消耗量 =420×10=4 200（元）

废料定额收回量 =0.6×420=252（元）

材料脱离定额差异 =（4 400-4 200）×80=16 000（元）

废料脱离定额差异 =（252-170）×0.5=41（元）

③ 盘存法。盘存法是指定期通过对生产领用材料的余料进行盘存，确定材料脱离定额差异的一种方法。这种方法适用于不能采用切割法核算的原材料。盘存法的计算方法是：在从严控制材料领用的前提下，按一定间隔日数，对生产中的余料进行盘点，根据采用领用数和盘点所确定的金额，算出一定期间材料的实际消耗量，以这一期间投产的产品数量乘以单位产品消耗定额所求得材料定额消耗量，实际消耗量与定额消耗量相减，即为材料脱离定额的数量差异，乘以计划单价，就是材料费用脱离定额的差异。

【情景 6-5】承【情景 6-2】，华信机械股份有限公司 2018 年 9 月，材料实际消耗量计算表如表 6-28 所示，直接材料定额与脱离定额差异表如表 6-29 所示。

表 6-28　材料实际消耗量计算表

单位：千克

材料		材料期初结存量	本期领用量	材料期末结存量	本期退料量	材料实际消耗量
编号	名称	1	2	3	4	5=1+2-3-4
Y002	矽钢片	1 000	4 000	600	100	4 300
	合计	1 000	4 000	600	100	4 300

表 6-29　直接材料定额与脱离定额差异表

单位：元

材料编号	材料名称	计量单位	计划单价	零件			定额消耗量		实际消耗量		脱离定额差异	
				编号	零件名称	单位定额	消耗量	金额	消耗量	金额	数量	金额
Y002	矽钢片	千克	30.00	L001	转子绕组	1	1 500	45 000.00	4 300	129 000.00	800	24 000.00
Y002	矽钢片	千克	30.00	L002	定子绕组	1	2 000	60 000.00				
合计							3 500	105 000.00	4 300	129 000.00	800	24 000.00

（2）职工薪酬脱离定额差异计算。

职工薪酬脱离定额差异的计算方法，因工资制度的不同而有所区别。在计件工资制下，生产工人的薪酬为直接计入费用，在计件单价不变时，按计件单价支付的生产工人薪酬就是职工薪酬定额，没有脱离定额的差异。因此，在计件工资制下，脱离定额的差异往往只指因工作条件变化而在计件单价之外支付的工资、津贴、补贴等。企业应当将符合定额的职工薪酬，反映在产量记录中，脱离定额的差异应当单独设置职工薪酬补付单等凭证，并经过一定的审批手续。在计时工资制下，生产工人薪酬一般为间接计入费用，其脱离定额的差异不能在平时分产品（成本核算对象）计算，只有在月末确定本月实际职工薪酬总额和产品生产总工时以后，才能计算。有关计算公式如下：

$$\text{职工薪酬脱离定额差异} = \text{本月实际职工薪酬总额} - \text{本月定额职工薪酬总额}$$

$$= \text{本月实际生产工时} \times \text{实际小时职工薪酬率} - \text{本月定额生产工时} \times \text{计划小时职工薪酬率}$$

$$\text{本月定额生产工时} = \text{本月完工产品的定额工时} + \text{月末在产品的定额工时} - \text{月初在产品的定额工时}$$

$$\text{或} = \left(\text{本月完工产品产量} + \text{月末在产品约当产量} - \text{月初在产品约当产量} \right) \times \text{单位产品工时定额}$$

【情景6-6】承【情景6-2】，华信机械股份有限公司2018年9月，生产电机的实际工时记录为81.2小时，实际发生的职工工资为365 000元，本月发生的直接人工费用定额和脱离定额差异汇总表如表6-30所示。

表6-30　直接人工费用定额和脱离定额差异汇总表

金额单位：元

产品名称	本月投产量（台）	定额人工费用			实际工资费用			脱离定额差异
		定额工时（小时）	计划工资率	定额工资	实际工时（小时）	实际工资率	实际工资	
HXDJ—电机	500	52	14.00	361 200.00	50	15.00	365 000.00	3 800.00
合　计	500	52		361 200.00	50		365 000.00	3 800.00

（3）制造费用脱离定额差异的计算。

制造费用一般属于间接计入费用，应先按生产车间汇集，月末分配计入各种产品成本。其脱离定额的差异不能在平时分产品计算，只有在月末确定实际制造费用总额以后，才能计算。有关计算公式为：

$$\text{制造费用脱离定额差异} = \text{本月实际制造费用总额} - \text{本月定额制造费用总额}$$

$$= \text{本月实际生产工时} \times \text{实际小时制造费用率} - \text{本月定额生产工时} \times \text{计划小时制造费用率}$$

【情景6-7】承【情景6-2】和【情景6-6】，华信机械股份有限公司9月份实际发生的制造费用为1 020 000元。本月发生的制造费用定额和脱离定差异汇总表如表6-31所示。

表6-31 制造费用定额与脱离定额差异汇总表

金额单位：元

产品名称	本月投产量（台）	定额人工费用				实际工资费用			脱离定额差异
		定额工时（小时）	计划工资率	定额工资	实际工时（小时）	实际工资率	实际工资		
HXDJ—电机	500	52	10	258 000.00	50	10		245 000.00	-13 000.00
合计	500	52		258 000.00	50			245 000.00	-13 000.00

3. 计算材料成本差异

材料成本差异是指由于原材料实际单价与原材料计划单价不同而产生的原材料实际消耗额与定额消耗额之间的差异。其计算公式为。

$$材料成本差异额=\sum\left(\begin{matrix}原材料实\\际消耗量\end{matrix}\times\begin{matrix}原材料\\实际单价\end{matrix}-\begin{matrix}原材料实\\际消耗量\end{matrix}\times\begin{matrix}原材料\\计划单价\end{matrix}\right)$$

$$=\sum\left(\begin{matrix}原材料实\\际消耗量\end{matrix}\times\begin{matrix}原材料\\实际单价\end{matrix}\right)\times\begin{matrix}材料成本\\差异率\end{matrix}$$

$$材料成本差异率=\frac{材料成本差异额}{原材料实际消耗量\times原材料计划单价（原材料计划成本）}\times100\%$$

按这个公式计算材料成本差异额时，如果在一种产品同时消耗多种材料的情况下，计算的工作量太大，则一般按下列公式计算材料成本差异额：

$$材料成本差异率=\sum\left(\begin{matrix}原材料的定额费\\用额（定额成本）\end{matrix}\pm\begin{matrix}原材料脱离\\定额差异\end{matrix}\right)\times\begin{matrix}材料成本\\差异率\end{matrix}$$

【情景6-8】承【情景6-2】～【情景6-5】，假设原材料成本差异率为1%。该产品应分配的材料成本差异表如表6-32所示。

表6-32 材料成本差异表

单位：元

材料编号	材料名称	材料定额总额	材料脱离定额差异	材料成本差异率（%）	材料成本差异
		1	2	3	4=（1+2）×3
Y001	漆包线	280 000.00	8 800.00	1.5	4 332.00
Y002	矽钢片	105 000.00	16 041.00	2	2 420.82
Y003	45# 钢坯	200 000.00	24 000.00	2.5	5 600.00
Y004	轴承	40 000.00	0.00	1	400.00
Y005	带轮	60 000.00	0.00	1	600.00
Y006	轮架	150 000.00	0.00	1	1 500.00
Y007	风扇	40 000.00	0.00	1	400.00
Y008	电刷	20 000.00	0.00	1	200.00

材料编号	材料名称	材料定额总额	材料脱离定额差异	材料成本差异率（%）	材料成本差异
		1	2	3	4=（1+2）×3
Y009	前端盖	100 000.00	0.00	1	1 000.00
Y010	后端盖	100 000.00	0.00	1	1 000.00
Y011	后罩盖	40 000.00	0.00	1	400.00
Y012	机座	75 000.00	0.00	1	750.00
Y013	集成块	300 000.00	0.00	1	3 000.00
Y014	接线盒	30 000.00	0.00	1	300.00
合计		1 540 000.00	48 841.00		21 902.82

4. 计算定额变动差异

定额变动差异是指由于修订定额使新旧定额存在差异，而产生的月初在产品按旧定额计算的定额成本与按新定额计算的定额成本之间的差异。它是定额自身变动的结果，和生产耗费、支出的节约与超支无关。企业年度内修订定额一般在月初进行。在有定额变动的月份，当月投入产品定额成本是按新定额计算的，只有月初在产品定额成本是按旧定额计算的。因此，定额变动差异是指月初在产品账面定额成本（按旧定额计算）与按新定额计算的定额成本之间的差异。其计算公式如下：

$$月初在产品定额变动差异额=\sum\left(\begin{matrix}月初在产品\\约当产量\end{matrix}\times\begin{matrix}单位产品\\旧定额成本\end{matrix}-\begin{matrix}月初在产品\\约当产量\end{matrix}\times\begin{matrix}单位产品\\新定额成本\end{matrix}\right)$$

按这个公式计算定额变动差异额时，因为在一种产品同时消耗多种材料的情况下，计算的工作量太大，所以一般按下列公式计算定额变动差异额：

$$月初在产品定额变动差异额=按旧定额计算的月初在产品定额成本\times\left(1-\begin{matrix}定额变\\动系数\end{matrix}\right)$$

$$定额变动系数=\frac{单位产品新定额成本（或工时定额）}{单位产品旧定额成本（或工时定额）}$$

【情景6-9】承【情景6-2】～【情景6-5】，2018年9月初按成本定额计算的单位成本为3 240元，期初在产品成本如表6-33所示。计算月初在产品定额变动差异。

表6-33　期初在产品成本

单位：元

项目	直接材料	直接人工	制造费用	合计
期初定额	120 000.00	60 000.00	30 000.00	210 000.00
脱离变动差异	1 800.00	1 000.00	800.00	3 600.00

定额变动系数 = 2 960÷3 240=0.91

月初在产品定额变动差异 =120 000×（1-0.91）=10 800（元）

（注：除漆包线、45# 钢坯和矽钢片外，其他原材料脱离定额差异为零。）

5. 在完工产品和月末在产品之间分配各种成本差异

月末，企业应将月初结转和本月发生的脱离定额差异、材料成本差异和定额变动差异分别汇总，按照完工产品的定额成本和月末在产品的定额成本的比例（定额比例法），在完工产品和月末在产品之间进行分配。

6. 计算完工产品的实际总成本和单位成本

以本月完工产品的定额成本为基础，加上或减去各项成本差异，计算出完工产品的实际总成本，实际总成本再除总产量，即为完工产品的实际单位成本。

【情景 6-10】根据【情景 6-2】～【情景 6-9】，2018 年 9 月 1 日，月初在产品 50 台，本月投产 500 台，本月完工 460 台，月末在产品 90 台。产品实际成本计算表如表 6-34 所示。

表 6-34 产品实际成本计算表   单位：元

项目		行次	直接材料	直接人工	制造费用	合计
1	月初在产品	定额成本	1	120 000.00	60 000.00	30 000.00	210 000.00
		脱离定额差异	2	1 800.00	1 000.00	800.00	3 600.00
2	月初在产品 定额调整	定额成本调整	3	10 800.00	0.00	0.00	10 800.00
		定额变动差异	4	-10 800.00	0.00	0.00	-10 800.00
3	本月耗费	定额成本	5	1 540 000.00	361 200.00	258 000.00	2 159 200.00
		脱离定额差异	6	48 841.00	3 800.00	-13 000.00	39 641.00
		材料成本差异	7	21 902.82			
4	生产费用 合计	定额成本	8=1+3+5	1 670 800.00	421 200.00	288 000.00	2 380 000.00
		脱离定额差异	9=2+6	50 641.00	4 800.00	-12 200.00	43 241.00
		材料成本差异	10=7	21 902.82	0.00	0.00	0.00
		定额变动差异	11=4	-10 800.00	0.00	0.00	-10 800.00
5	差异分配率	脱离定额差异	12=9/8	0.03	0.01	-0.04	0.02
6	完工产品 成本	定额成本	13	1 361 600.00	332 304.00	237 360.00	1 931 264.00
		脱离定额差异	14=13×12	40 848.00	3 323.04	-9 494.40	38 625.28
		材料成本差异	15=10	21 902.82	0.00	0.00	0.00
		定额变动差异	16=11	-10 800.00	0.00	0.00	-10 800.00
		实际成本	17=13+14+15+16	1 413 550.82	335 627.04	227 865.60	1 959 089.28
7	月末在产品	定额成本	18=8-13	309 200.00	88 896.00	50 640.00	448 736.00
		脱离定额差异	19=9-14 或 18×12	9 793.00	1 476.96	-2 705.60	4 615.72

成本报表的编制与分析

成本报表属于对内报表，没有固定格式，会计人员应根据本单位情况编制并对其进行分析，以满足管理者需要。

本项目架构

☑ 了解成本报表及其分析方法

　☑ 产品生产成本报表

　　☑ 主要产品单位成本报表

　　　☑ 制造费用明细表

7.1 了解成本报表及其分析方法

cfo 告诉你

会计人员应知晓成本报表的特点，掌握成本报表分析的方法。

关键术语

成本报表
比较分析法
比率分析法
连环替代分析法
差额分析法

成本报表是根据产品成本和期间费用等有关资料编制的，用以核算和监督企业一定时期产品成本和期间费用水平及其构成情况的报告文件。正确、及时地编报成本报表并对其进行分析，对加强管理和节约成本费用具有以下几点重要作用。

（1）可以检查企业成本计划的执行与落实情况，考核成本工作绩效，并对成本管控工作进行评价。

（2）可以揭示影响产品成本指标和费用项目变动的因素和原因，从而挖掘企业节约费用开支、降低成本的潜力，提高企业经济效益。

（3）可以满足企业内部加强成本费用管控工作的需要，同时也是企业预测、制定产品价格的重要依据。

7.1.1 成本报表的特点

1. 灵活性

成本报表是服务于企业内部经营管理的报表，可以根据企业对成本管理的要求，灵活设置成本报表的种类、格式、指标项目、编制时间、报送程序和范围。

2. 多样性

成本报表是企业在特定的生产环境下编制的，可以根据企业不同阶段的生产特点和管理要求，设定成本报表的种类、格式、指标项目及指标计算口径，因而呈现多样性特征。

3. 综合性

为同时满足财会部门、各级生产技术部门、计划管理部门等对成本管理的需要，成本报表不仅要设置财务指标，还需要设置非财务指标。因此其指标体系不仅包括会计核算指标，还包括统计核算、业务核算指标。指标之间的有机结合体现了成本报表的综合性特征。

7.1.2　成本报表的种类

1. 按反映的内容进行分类

（1）反映产品成本情况的报表。该类成本报表主要反映企业为生产一定种类和一定数量产品所支出的生产耗费与支出水平，以及其构成情况，并与计划（预算）、上年实际、历史最高水平或同行业同类产品先进水平相比较，反映产品成本的变动情况和变动趋势。属于此类成本报表的有商品产品生产成本报表、主要产品单位成本报表和制造费用明细表等。

（2）反映期间费用支出情况的报表。该类成本报表主要反映企业在一定时期内各种期间费用总额及其构成情况，并与计划（预算）、上年实际进行对比，反映各项期间费用支出的变动情况和变动趋势。属于此类成本报表的有销售费用明细表、管理费用明细表和财务费用明细表等。

2. 按编制的时间进行分类

（1）定期成本报表。定期成本报表通常按会计分期的要求编报，分为月度成本报表、季度成本报表和年度成本报表。

（2）不定期成本报表。根据会计核算一般原则的要求，成本会计部门除定期编报成本报表外，为了加强成本的日常管理，对于成本耗费的主要指标，也可以按旬、按周或按日编报，以便及时将信息提供给有关部门负责人和值班人员，促使其及时、有针对性地采取措施，解决生产经营中存在的问题，发挥成本核算和及时指导生产的作用。

7.1.3　成本报表的编制要求

1. 数字真实、计算准确

成本报表必须真实可靠，如实反映企业成本、费用的水平和构成，可供使用者作为决策的重要依据。成本报表中的各项指标数据，必须按照企业在设置成本报表时规定的计算方法计算；报表中的各种相关数据，如本期报表与上期报表之间、同一时期的不同报表之间、同一报表的不同项目之间具有勾稽关系的数据，应当相符。

2. 内容完整、突出重点

成本报表既要反映企业成本的全貌，又要反映成本管理的重要方面和具体业务，突出成本管理中的重点问题，对成本影响较大、费用发生集中的部门设置专门的报表，使成本报表的编制能够取得最佳效果。

3. 编报及时、说明清楚

企业必须及时编制成本报表，以充分发挥成本报表在指导生产经营活动中的作用，以便及时将有关情况提供给相关部门负责人和成本管理责任人，从而使其快速采取措施。在提供成本报表的同时，对某些成本项目或内容还应提供必要的文字说明，将有关成本计算方法变更、指标口径变更、重点成本指标的升降等原因说明清楚，以使报表使用者充分利用成本报表中所提供的各种资料。

7.1.4　成本报表的分析方法

在对成本报表进行分析的过程中，当研究各项成本指标的数量变动、指标之间的数量关系、测定各种因素变动对成本指标的影响程度时，常用的分析方法有以下几种。

1. 比较分析法

比较分析法通过指标对比，从数量上确定差异。其作用在于揭示客观上存在的差距，并为进一步分析指明方向。

（1）差异比较分析。差异比较对比成本的实际指标与成本的计划或定额指标，分析成本计划或定额的完成情况。

（2）趋势比较分析。趋势比较对比本期实际成本指标与历史数据（上期、上年同期或历史最好水平）等指标，以观察企业成本指标的变动情况和变动趋势，了解企业生产经营工作的改进情况。

比较分析法是经济分析中广泛应用的一种分析方法。但其只适用于同质指标的数量对比。因此，比较时要遵循口径一致的原则，如果相比的指标之间有不可比因素，则可以将对比的指标进行必要的调整，然后再进行对比，同时也要防止将指标的可比性绝对化。

2. 比率分析法

比率分析法是通过计算和对比经济指标的比率进行量化分析的一种方法。

（1）相关指标比率分析。相关指标比率分析是比较两个或多个性质不同但又相关的指标，从而对结果进行分析的一种方法。例如：

产值成本率 = 产品成本 ÷ 商品产值 ×100%

销售成本率 = 产品成本 ÷ 产品销售收入 ×100%

成本利润率 = 利润 ÷ 产品成本 ×100%

（2）构成比率分析。构成比率分析是指某项经济指标的各个组成部分占总体的比率，即局部占总体的比率，如成本构成比率。通过观察产品成本构成的变动，从而可以掌握经济活动情况，了解企业改进生产技术和经营管理对产品成本的影响。

原材料费用比率 = 原材料费用 ÷ 产品成本 ×100%

工资费用比率 = 工资费用 ÷ 产品成本 ×100%

制造费用比率 = 制造费用 ÷ 产品成本 ×100%

（3）趋势比率分析。它是将不同时期同类指标的数值进行对比求出比率，从而动态比较，据以分析该项指标的增减速度和变动趋势，从中发现企业在生产经营方面的优势或不足的一种数量分析方法。在实际工作中，以基期指标的不同分为定基比率分析和环比比率分析。其中，定基比率分析是将不同时期，同类指标的数值与特定基期指标数值对比，以测算变动趋势；环比比率分析是将不同时期，同类指标的数值与前期指标数值对比，以测算变动趋势。

3. 连环替代分析法

连环替代分析法是将综合性指标分解为多个因素，将各因素的实际值按顺序替代标准值，以此计算几个相互联系的因素对综合经济指标变动影响程度的一种分析方法。连环替代分析法的分析步骤如下：

（1）确定影响指标变动的因素。

（2）确定各因素分析的顺序。

（3）以基数为计算基础。

（4）按照排列的顺序逐次将前项因素的基数替换为实际数，与其相邻近的前次计算结果相比较，两者的差额就是某一因素变动对综合经济指标变动的影响程度。注意，有几项因素就替换几次。

（5）计算各因素变动影响的代数和。这个代数和应等于被分析指标实际数与基数的总差异数。

【情景7-1】华信食品股份有限公司2018年9月材料费用实际为163 704.8元，实际费用比计划增加了2 424.8元。其原材料消耗情况如表7-1所示。

表7-1　原材料消耗情况表

指标	单位	计划数	实际数	差异
产品产量	箱	1 260	1 240	−20
单位产品材料消耗量	吨	16	16.1	+0.1
材料单价	元	8	8.2	+0.2
产品原材料成本总额	元	161 280.00	163 704.80	+2 424.80

从表7-1可知，原材料费用实际比计划多2 424.8元，这是由于产品产量、单位产品材料消耗量、材料单价所致，用连环替代法分析各因素的影响程度，计算如下：

计划指标　　1 260×16×8=161 280　　　　　　①

替代（1）　　1 240×16×8=158 720　　　　　　②

　　　（2）　　1 240×16.1×8=159 712　　　　　③

　　　（3）　　1 240×16.1×8.2=163 704.8　　　④

各因素变动的影响程度分析：

②−①　158 720−161 280=−2 560（元）　　　产品产量降低的影响

③−②　159 712−158 720=992（元）　　　　　单位产品材料消耗量提高的影响

④−③　163 704.8−159 712=3 992.8（元）　　材料单价上升的影响

合计　　−2 560+992+3 992.8=2 424.8（元）

综合以上的计算分析结果可以看出，产品成本中的原材料成本实际比计划超支2 424.8元是因为：产品产量减少 20 箱使原材料成本降低 2 560 元，这是正常的；单位产品材料消耗量增加 0.1 吨，使原材料成本增加 992 元，应注意改进生产技术和控制成本；材料单价上升 0.2 元，使原材料成本增加 3 992.8 元，对于材料单价上升的原因应进一步分析。

4. 差额分析法

差额分析法是连环替代法的一种简化形式。运用这一方法时，首先要确定各因素实际数与计划数之间的差异，然后按照各因素的排列顺序，依次计算出各因素变动的影响程度。其原理与连环替代法相同。

【情景 7-2】仍使用表 7-1 的资料，以差额计算法测定各因素影响程度如下。

产品原材料实际成本与计划成本的差异额 =163 704.8-161 280=+2 424.8（元）

① 产品产量变动对原材料成本的影响额 =（1 240-1 260）×16×8=-2 560（元）

② 单位产品材料消耗量变动对原材料成本的影响额 =1 240×（16.1-16）×8=+992（元）

③ 材料单价变动对原材料成本的影响额 =1 240×16.1×（8.2-8）=+3 992.8（元）

三个因素总影响额 =-2 560+992+3 992.8=+2 424.8（元）

由于差额计算法计算简便，所以应用比较广泛，特别是在影响因素只有两个时更为适用。

7.2 产品生产成本报表

cfo 告诉你

产品生产成本报表是成本报表的核心。要掌握按产品种类反映的全部产品生产成本报表，以及按成本项目反映的全部产品生产成本报表的编制与分析。

关键术语

生产成本报表

7.2.1 按产品种类反映的全部产品生产成本报表的编制与分析

按产品种类反映的全部产品生产成本报表，是主要反映企业报告期内生产的全部可比产品与全部不可比产品的单位成本和总成本的报表。其中，可比产品为上年生产过的，且有历史成本资料的产品；不可比产品为上年未生产过，无相应成本资料的新产品。通过该报表可以定期考核和分析企业产品成本计划的完成情况，以及产品成本降低计划的执行情况。

1. 全部产品生产成本报表（按产品种类反映）的结构和编制方法

（1）全部产品生产成本报表（按产品种类反映）的结构。

全部产品生产成本报表（按产品种类反映）主要反映可比产品与不可比产品的相关指标，其格式如表 7-2 所示。

表 7-2　全部产品生产成本报表（按产品种类反映）

编制单位：　　　　　　　　　　　　　　　　　年　　月　　　　　　　　　　　　　单位：元

产品名称	计量单位	实际产量		单位成本				本月总成本			本年累计总成本		
		本月	本年累计	上年实际平均	本年计划	本月实际	本年累计实际平均	按上年实际平均单位成本计算	按本年计划单位成本计算	本月实际	按上年实际平均单位成本计算	按本年计划单位成本计算	本年实际
可比产品													
不可比产品													
合计													

补充资料（本年累计实际数）：①可比产品成本降低额＿＿＿＿＿＿＿＿元。

补充资料（本年累计实际数）：②可比产品成本降低率＿＿＿＿＿＿＿＿%。

补充资料（本年累计实际数）：③按现行价格计算的商品产值＿＿＿＿＿＿＿＿万元。

补充资料（本年累计实际数）：④产值成本率＿＿＿＿＿＿＿＿。

（2）全部产品生产成本报表（按产品种类反映）的编制方法。

全部产品生产成本报表分为主表和补充资料两部分。其中，主表反映各种可比和不可比产品当月及当年累计实际产量、实际单位成本和实际总成本。具体填列方法如下。

①"实际产量"栏中的"本月"实际产量，根据各产品成本明细账反映的当月完工产品数量填列；"本年累计"实际产量，应根据本月实际产量加上月本表的本年累计实际产量计算填列。

②"单位成本"栏中的"上年实际平均"单位成本，应根据上年 12 月份本表所列全年累计实际总成本除以累计实际产量计算填列；"本年计划"单位成本，应根据本年度成本计划填列；"本月实际"单位成本，应根据表中本月实际总成本除以本月实际产量计算填列；"本年累计实

际平均"单位成本，根据表中本年累计总成本除以本年累计总产量计算填列。

③ "本月总成本"栏中的"按上年实际平均单位成本计算"的本月总成本，根据本月实际产量乘上年平均单位成本计算填列；"按本年计划单位成本计算"的本月总成本，根据本月实际产量乘本年计划单位成本计算填列；"本月实际"总成本，应根据产品成本明细账或本月产品成本汇总表填列。

④ "本年累计总成本"栏中的"按上年实际平均单位成本计算"的本年累计总成本，根据本年累计产量乘上年实际平均单位成本计算填列；"按本年计划单位成本计算"的本年累计总成本，根据本年累计产量乘本年计划单位成本计算填列；"本年实际"累计总成本，根据本年累计产量乘本年累计实际平均单位成本计算填列。

⑤ 补充资料部分反映可比产品成本计划降低任务的完成情况和商品产值情况。这部分只填列本年累计实际数。

⑥ 可比产品成本降低额是指可比产品累计实际总成本比按上年实际平均单位成本计算的累计总成本降低的数额，超支额用负数表示。

为便于说明问题，用下标"0"代表上年实际；下标"1"代表本年计划；下标"2"代表本年实际。用"X"代表产品产量；"Y"代表单位成本；"i"代表可比产品成本降低率。其计算公式为：

可比产品实际成本降低额 $= \sum X_2 Y_0 - \sum X_2 Y_2$

式中：X_2 代表本年累计实际产品产量；Y_0 代表上年实际平均单位成本；Y_2 代表本年累计实际平均单位成本。

可比产品实际成本降低率 $(i_2) = \dfrac{\sum X_2 Y_0 - \sum X_2 Y_2}{\sum X_2 Y_0} \times 100\%$

按现行价格计算的商品产值根据有关的统计资料填列。

产值成本率是指产品总成本与商品产值的比率，通常以每百元商品产值总成本表示。计算公式为：

产值成本率 $= \dfrac{\text{产品总成本}}{\text{商品产值}} \times 100\%$

【情景7-3】在华信食品股份有限公司2018年12月份生产的面包、蛋糕、蛋挞三种产品中，蛋挞、蛋糕是可比产品，面包为不可比产品。有关产品实际产量和产品单位成本资料如表7-3和表7-4所示。

表7-3　产品实际产量资料

2018 年 12 月　　　　　　　　　　　　　　　　　单位：件

项　　目	蛋挞	蛋糕	面包
本月实际产量（X_2）	800	650	680
本年累计实际产量（X_2）	8 200	7 800	7 680

表 7-4 产品单位成本资料

2018 年 12 月   单位：元

项　目	蛋挞	蛋糕	面包
上年实际平均单位成本（Y_0）	42.52	43.65	
本年计划单位成本（Y_1）	42.02	43.10	35.63
本月实际单位成本（Y_2）	42.35	43.25	35.05
本年累计平均单位成本（Y_2）	42.42	43.34	35.21

根据上述资料编制"全部产品生产成本报表（按产品种类反映）"，如表 7-5 所示。

表 7-5 全部产品生产成本报表（按产品种类反映）

编制单位：华信食品股份有限公司　　　　　　2018 年 12 月　　　　　　　　　　　　　　单位：元

产品名称	计量单位	实际产量		单位成本				本月总成本			本年累计总成本		
		本月	本年累计	上年实际平均	本年计划	本月实际	本年累计实际平均	按上年实际平均单位成本计算	按本年计划单位成本计算	本月实际	按上年实际平均单位成本计算	按本年计划单位成本计算	本年实际
		X_2	X_2	Y_0	Y_1	Y_2	Y_2	X_2Y_0	X_2Y_1	X_2Y_2	X_2Y_0	X_2Y_1	X_2Y_2
可比产品								62 388.50	61 631.00	61 992.50	689 134.00	680 744.00	685 896.00
蛋挞	箱	800	8 200	42.52	42.02	42.35	42.42	34 016.00	33 616.00	33 880.00	348 664.00	344 564.00	347 844.00
蛋糕	箱	650	7 800	43.65	43.10	43.25	43.34	28 372.50	28 015.00	28 112.50	340 470.00	336 180.00	338 052.00
不可比产品													
面包	箱	680	7 680		35.63	35.05	35.21		24 228.40	23 834.00		273 638.40	270 412.80
合计									85 859.40	85 826.50		954 382.40	956 308.80

补充资料（本年累计实际数）：①可比产品成本降低额 3 238 元 。

补充资料（本年累计实际数）：②可比产品成本降低率 0.47% 。

补充资料（本年累计实际数）：③按现行价格计算的商品产值　（略）　万元。

补充资料（本年累计实际数）：④产值成本率　（略）　。

注：可比产品成本实际降低额 = $\sum X_2Y_0 - \sum X_2Y_2$ =689 134-685 896=3 238（元）；

可比产品成本实际降低率（i_2）=3 238÷689 134×100%=0.47%。

2. 全部产品生产成本报表（按产品种类反映）的分析

（1）全部产品生产成本计划完成情况分析。

企业的全部产品中，由于不可比产品在历史上未进行生产，故无相关成本资料。因此，对产品生产成本计划完成情况的分析，体现为与本年产品生产成本计划的比较，主要考查全部产品生产成本计划的完成情况、成本降低额和成本降低率，并做出相关评价。

【情景 7-4】承【情景 7-3】，华信食品股份有限公司 2018 年 12 月，根据编制的"全部产品生产成本报表（按产品种类反映）"（如表 7-5 所示），对全部产品生产成本计划完成情况分析如下。

$$全部产品生产成本计划完成程度 = \frac{\sum X_2 Y_2}{\sum X_2 Y_1} \times 100\%$$

$$= 956\ 308.8 \div 954\ 382.4 \times 100\%$$

$$= 100.2\%$$

（等于或低于 100% 为完成计划，反之为未完成计划）

$$与计划生产成本比降低额 = \Sigma X_2 Y_1 - \Sigma X_2 Y_2$$

$$= 954\ 382.4 - 956\ 308.8$$

$$= -1\ 926.4（元）$$

$$与计划生产成本比降低率 = \frac{\sum X_2 Y_1 - \sum X_2 Y_2}{\sum X_2 Y_1} \times 100\%$$

$$= -1\ 926.4 \div 954\ 382.4 \times 100\%$$

$$= -0.2\%$$

其中，各种产品生产成本计划完成情况分析如表 7-6 所示。

表 7-6 全部产品生产成本计划完成情况分析表

编制单位：华信食品股份有限公司　　　　　　　2018 年 12 月　　　　　　　单位：元

产品名称	计量单位	实际产量（本年累计）	单位成本			本年累计总成本		本年累计与计划成本比		
			上年实际平均	本年计划	本年累计实际平均	按本年计划单位成本计算	本年实际	计划完成程度（%）	成本降低额	成本降低率（%）
		X_2	Y_0	Y_1	Y_2	$X_2 Y_1$	$X_2 Y_2$			
可比产品						680 744.00	684 620.00	100.569	-3 876.00	-0.5694
蛋挞	箱	8 200	42.52	42.02	42.42	344 564.00	347 270.00	100.785	-2 706.00	-0.7853
蛋糕	箱	7 800	43.65	43.10	43.34	336 180.00	337 350.00	100.348	-1 170.00	-0.3480
不可比产品										
面包	箱	7 680		35.63	35.21	273 638.40	269 184.00	98.372	4 454.40	1.6278
合 计						954 382.40	953 804.00	99.939	578.40	0.0606

在全部产品成本计划完成情况分析表（如表 7-6 所示）中，总成本都是按实际产量来计算的。因为只有同一实物量的总成本才具有可比性。在本例分析中，全部产品生产成本计划的完成程度为 100.2%，说明企业未完成本年度全部产品生产成本计划，实际成本与计划成本比较，成本节约额为 -1 926.4 元，成本节约率为 -0.2%。在全部产品中，不可比产品（面包产品）实际成本较计划降低了 1.18%，成本节约额为 3 225.6 元；可比产品实际成本总体上升了 0.76%，成本超支额为 5 152 元；在可比产品中，蛋挞和蛋糕都已经完成成本计划，蛋挞实际成本较计划上升了 0.95%，成本超支额为 3 280 元。蛋糕实际成本较计划上升了 0.56%，成本超支额为 1 872 元。显然，进一步分析的重点应查明蛋挞和蛋糕成本超支的原因。

（2）可比产品生产成本降低任务完成情况分析。

可比产品计划降低额的计算公式为：

可比产品的计划降低额 $= \sum X_1 Y_0 - \sum X_1 Y_1$

式中：X_1 代表本年计划产量；Y_0 代表上年实际平均单位成本；Y_1 代表本年计划单位成本。

可比产品成本计划降低率 $(i_1) = \dfrac{\sum X_1 Y_0 - \sum X_1 Y_1}{\sum X_1 Y_0} \times 100\%$

分析对象：

实际与计划降低额差异 = 可比产品的实际降低额 − 可比产品的计划降低额

$= \left(\sum X_2 Y_0 - \sum X_2 Y_2 \right) - \left(\sum X_1 Y_0 - \sum X_1 Y_1 \right)$

实际与计划降低率差异 = 可比产品的实际降低率 − 可比产品的计划降低率 $= i_2 - i_1$

影响因素：影响可比产品成本降低计划完成情况的因素概括起来有三个。

① 产品产量。成本计划的降低额和降低率是根据计划产量制定的，实际降低额和降低率是根据实际产量计算的。因此，产量的变化必然会影响可比产品成本降低计划的完成情况。

假定所有可比产品的实际产量都比计划产量提高10%，即保持原品种结构不变，那么，实际产量 $X_2 = X_1 (1+10\%)$，在计划单位成本 Y_1 不变的情况下：

成本降低额 $= \sum X_1 (1+10\%) Y_0 - \sum X_1 (1+10\%) Y_1$

成本降低率 $= \dfrac{\sum X_1 (1+10\%) Y_0 - \sum X_1 (1+10\%) Y_1}{\sum X_1 (1+10\%) Y_0}$

$= \dfrac{\sum X_1 Y_0 - \sum X_1 Y_1}{\sum X_1 Y_0} \times 100\%$

不难看出，成本降低额发生了变化，但成本降低率没有改变。由此可以得知：

单纯产量变动后的可比产品成本降低额 $= \sum X_1 (1+10\%) Y_0 - \sum X_1 (1+10\%) Y_1$

$= \sum X_1 (1+10\%) Y_0 i_1$

$= \sum X_2 Y_0 i_1$

单纯产量变动影响的可比产品成本降低额 $= \sum X_2 Y_0 i_1 - \sum X_1 Y_0 i_1$

【情景7-5】假定【情景7-4】中本年累计实际产量再提高20%，保持产品品种结构和单位成本不变，即假定蛋挞、蛋糕的本年累计实际产量都提高20%，各自的实际单位成本不变。则：

可比产品成本降低额 $=689\,134 \times (1+20\%) - 685\,896 \times (1+20\%)$

$=3\,885.6$（元）

可比产品成本降低率 $=3\,885.6 \div 826\,960.8 \times 100\% = 0.47\%$

可比产品降低额由 3 238 元提高到 3 885.6 元，但可比产品降低率仍然是 0.47%。

② 产品品种结构。当产品品种结构发生变动时，就会影响可比产品成本降低额和成本降低率的相应变动，因此要单独计量产品品种结构对成本的影响。

产品品种结构　　产品产量和品种结构　　单纯产量变动

变动影响的可比 ＝ 共同变动影响的可比 － 影响的可比

产品成本降低额　　产品成本降低额　　　产品成本降低额

$$= \left[\left(\sum X_2 Y_0 - \sum X_2 Y_1 \right) - \left(\sum X_1 Y_0 - \sum X_1 Y_1 \right) \right] - \left(\sum X_2 Y_0 i_1 - \sum X_1 Y_0 i_1 \right)$$

$$= \left(\sum X_2 Y_0 - \sum X_2 Y_1 \right) - \sum X_1 Y_0 i_1 - \left(\sum X_2 Y_0 i_1 - \sum X_1 Y_0 i_1 \right)$$

$$= \sum X_2 Y_0 - \sum X_2 Y_1 - \sum X_2 Y_0 i_1$$

产品品种结构变动影响的
可比产品成本降低率 $= \dfrac{\sum X_2 Y_0 - \sum X_2 Y_1 - \sum X_2 Y_0 i_1}{\sum X_2 Y_0} \times 100\%$

③ 产品单位成本。可比产品成本计划降低额是本年计划成本对比上年实际成本的降低金额，而实际降低额则是本年实际成本对比上年实际成本的降低金额。因此，当本年可比产品实际单位成本对比计划单位成本发生变动时，必然引起成本降低额和成本降低率的变动。

产品单位成本变动影响的
可比产品成本降低额 $= \sum X_2 Y_1 - \sum X_2 Y_2$

产品单位成本变动影响的
可比产品成本降低率 $= \dfrac{\sum X_2 Y_1 - \sum X_2 Y_2}{\sum X_2 Y_0} \times 100\%$

【情景 7-6】承【情景 7-3】，2018 年 12 月，对华信食品股份有限公司可比产品生产成本降低任务完成情况进行分析。

分析资料：

（1）年末编制的"全部产品生产成本报表（按产品种类反映）"，如表 7-5 所示。

（2）年初编制的"可比产品生产成本计划表"，如表 7-7 所示。

表 7-7　可比产品生产成本计划表

编制单位：华信食品股份有限公司　　　　　　　　　2018 年 1 月　　　　　　　　　　单位：元

可比产品名称	计量单位	计划产量	单位成本		计划产量总成本		成本降低计划	
			上年实际平均	本年计划	按上年实际平均单位成本计算	本年计划	成本降低额	成本降低率（%）
		X_1	Y_0	Y_1	$X_1 Y_0$	$X_1 Y_1$		
蛋挞	箱	8 500	42.52	42.02	361 420.00	357 170.00	4 250.00	1.18
蛋糕	箱	7 500	43.65	43.10	327 375.00	323 250.00	4 125.00	1.26
合计					688 795.00	680 420.00	8 375.00	1.22

注：可比产品成本计划降低额 ＝688 795－680 420＝8 375（元）

可比产品成本计划降低率 =8 375÷688 795×100%=1.22%

（3）根据"全部产品生产成本报表（按产品种类反映）"（见表 7-5）编制的"可比产品生产成本实际降低指标计算表"如表 7-8 所示。

表7-8 可比产品生产成本实际降低指标计算表

编制单位：华信食品股份有限公司　　　　　　　　　2018 年 12 月　　　　　　　　　单位：元

可比产品名称	计量单位	实际产量	单位成本		实际产量的总成本			成本实际降低指标	
			上年实际平均	本年实际	按上年实际平均单位成本计算	按本年计划单位成本计算	本年实际	成本降低额	成本降低率（%）
		X_2	Y_0	Y_2	X_2Y_0	X_2Y_1	X_2Y_2		
蛋挞	箱	8 200	42.52	42.42	348 664.00	344 564.00	347 844.00	820.00	0.24
蛋糕	箱	7 800	43.65	43.34	340 470.00	336 180.00	338 052.00	2 418.00	0.71
合 计					689 134.00	680 744.00	685 896.00	3 238.00	0.47

注：可比产品成本实际降低额 =689 134−685 896=3 238（元）

可比产品成本实际降低率 =3 238÷689 134×100%=0.47%

进行可比产品生产成本降低任务完成情况分析如下。

首先，根据"可比产品生产成本计划表"（如表 7-7）和"可比产品生产成本实际降低指标计算表"（如表 7-8）确定分析对象。

降低额差异 = 实际降低额 − 计划降低额 =3 238-8 375=−5 137（元）

降低率差异 = 实际降低率 − 计划降低率 =0.4699%-1.2159%=−0.75%

其次，按照各因素影响程度的计算公式，分析各因素变动对可比产品成本降低指标的影响。

① 产品产量变动的影响。

$$产品产量变动影响的可比产品成本降低额 = \sum X_2Y_0i_1 - \sum X_1Y_0i_1$$

$$=689\ 134×1.22\%-8\ 375$$

$$=32.43（元）$$

② 产品品种结构变动的影响。

$$产品品种结构变动影响的可比产品成本降低额 = \sum X_2Y_0 - \sum X_2Y_1 - \sum X_2Y_0i_1$$

$$=689\ 134-680\ 744-689\ 134×1.22\%$$

$$=17.43（元）$$

$$产品品种结构变动影响的可比产品成本降低率 = \frac{\sum X_2Y_0 - \sum X_2Y_1 - \sum X_2Y_0i_1}{\sum X_2Y_0}×100\%$$

$$=（689\ 134-680\ 744-689\ 134×1.22\%）÷689\ 134×100\%$$

$$=0.0025\%$$

③ 产品单位成本变动的影响。

产品单位成本变动影响的可比产品成本降低额 $= \sum X_2Y_1 - \sum X_2Y_2$

$$=680\ 744 - 685\ 896$$

$$=-5\ 152（元）$$

产品单位成本变动影响的可比产品成本降低率 $= \dfrac{\sum X_2Y_0 - \sum X_2Y_2}{\sum X_2Y_0} \times 100\%$

$$=-5\ 152 \div 689\ 134 \times 100\%$$

$$=-0.75\%$$

④ 三个因素共同影响。

共同因素影响的可比产品成本降低额 $=4.18+10.82-5\ 152=-5\ 137$（元）

共同因素影响的可比产品成本降低率 $=0.0025\%-0.75\%=-0.75\%$

通过对三个因素共同影响的分析可知，华信食品股份有限公司 2018 年度可比产品成本降低额和降低率完成了计划，实际成本降低额比计划减少了 5 137 元，成本降低率比计划降低了 0.75%。成本降低任务未完成的主要原因是产品单位成本上升（主要是蛋糕单位成本上升），使成本降低额减少了 5 152 元，降低率减少了 0.7476%；由于产品产量增加（主要是蛋挞的增加），使成本降低额增加了 4.18 元；由于产品品种结构的变动（蛋挞减少了，蛋糕增加了），使成本降低额增加了 10.82 元，降低率增加了 0.0016%。从这个分析计算的结果可以看出，成本降低任务的完成主要是依靠产品单位成本的降低。

7.2.2 按成本项目反映的全部产品生产成本报表的编制与分析

按成本项目编制全部产品生产成本报表，是汇总反映企业在报告期发生的全部生产成本（按成本项目反映）的报表。它可以定期综合地分析企业全部生产耗费和全部产品总成本的计划完成情况。

1. 全部产品生产成本报表（按成本项目反映）的结构与编制方法

（1）全部产品生产成本报表（按成本项目反映）的结构。

由于全部产品包括可比产品和不可比产品，所以此报表只能设置本年计划、本月实际和本年累计实际三栏，而不设置上年实际栏。具体格式见华信设备股份有限公司 2018 年 11 月编制的"全部产品生产成本报表（按成本项目反映）"如表 7-9 所示。

表 7-9　全部产品生产成本报表（按成本项目反映）

编制单位：华信设备股份有限公司　　　　　　　　　2018 年 11 月　　　　　　　　　　　　　单位：元

项　目	本年计划	本月实际	本年累计实际
本期生产成本：			
原材料	284 420.00	21 800.00	244 620.00
燃料及动力	82 800.00	6 620.00	73 210.00
职工薪酬	126 200.00	11 000.00	122 000.00

项　目	本年计划	本月实际	本年累计实际
制造费用	55 220.00	4 500.00	48 800.00
本期生产成本合计	548 640.00	43 920.00	488 630.00
加：在产品/自制半成品期初余额	6 500.00	5 820.00	6 420.00
减：在产品/自制半成品期末余额	5 820.00	5 700.00	5 710.00
全部产品生产成本合计	549 320.00	44 040.00	489 340.00

注："6 420.00"为在产品自制半成品年初余额。

（2）全部产品生产成本报表（按成本项目反映）的编制方法。

该报表内各项目的填列方法如下。

① "本年计划"应根据成本计划有关资料填列。

② "本月实际"为按成本项目反映的各种产品生产成本，应根据各种产品成本明细账所记录的本月生产成本合计，按成本项目分别汇总填列。

③ "本年累计实际"应根据"本月实际"加上一月份本表的"本年累计实际"计算填列。

④ 期初、期末在产品和自制半成品余额，应根据各种产品成本明细账的期初、期末在产品成本和各种自制半成品明细账的期初、期末余额分别汇总填列。

⑤ 以生产成本合计数加（减）在产品、自制半成品期初（期末）余额，即可计算出全部产品成本合计数。

【情景7-7】华信设备股份有限公司生产甲、乙两种产品，半成品直接交下一步骤加工，也就是说"在产品/自制半成品期初/期末余额"，只包含在产品的期初/期末余额，不包含自制半成品的期初/期末余额。2018年12月份有关编制全部产品生产成本报表（按成本项目反映）的资料如下。

（1）甲产品、乙产品生产成本明细账记录的2018年12月份月初、月末在产品成本和本月发生的产品生产成本资料如表7-10所示。

表7-10　甲产品、乙产品产品生产成本资料

单位：元

项目		原材料	燃料及动力	职工薪酬	制造费用	合计
月初 在产品成本	甲产品					3 260.00
	乙产品					2 840.00
月末 在产品成本	甲产品					3 100.00
	乙产品					2 890.00
本月发生 生产成本	甲产品	16 200.00	3 010.00	8 620.00	4 250.00	32 080.00
	乙产品	14 600.00	3 140.00	8 850.00	4 400.00	30 990.00

（2）华信设备股份有限公司2018年11月份编制的"全部产品生产成本报表（按成本项目反映）"（如表7-9所示）。根据上述资料编制2018年12月份"全部产品生产成本报表（按成本项目反映）"如表7-11所示。

表 7-11　全部产品生产成本报表（按成本项目反映）

编制单位：华信设备股份有限公司　　　　　　　　2018 年 12 月　　　　　　　　　　　　单位：元

项目	本年计划	本月实际	本年累计实际
本期生产成本			
原材料	284 420.00	30 800.00	275 420.00
燃料及动力	82 800.00	6 150.00	79 360.00
职工薪酬	126 200.00	17 470.00	139 470.00
制造费用	55 220.00	8 650.00	57 450.00
本期生产成本合计	548 640.00	63 070.00	551 700.00
加：在产品/自制半成品期初余额	6 500.00	5 700.00	6 420.00
减：在产品/自制半成品期末余额	5 820.00	5 990.00	5 990.00
全部产品生产成本合计	549 320.00	62 780.00	552 130.00

　　注：本年累计实际 =11 月本年累计实际 +12 月本月发生成本。

　　　　本年累计实际栏在产品/自制半成品期初余额 = 在产品自制半成品年初余额。

　　　　本年累计实际栏在产品/自制半成品期末余额 =12 月月末在产品/自制半成品期末余额。

2. 全部产品生产成本报表（按成本项目反映）的分析

　　分析此表一般可采用构成比率分析法、比较分析法、相关指标比率分析法等分析方法。

　　在【情景 7-7】中，可采用比较分析法分析 12 月份编制的"全部产品生产成本表（按成本项目反映）"，其"本年累计实际"和"本年计划"都是整个年度的生产耗费和产品成本。将本期"全部产品生产成本合计"及其各个成本项目成本的"本年累计实际"与"本年计划"进行对比分析，可以揭示差异，以便为进一步分析指明方向。

　　例如，表 7-11 中的"全部产品生产成本合计"中，"本年累计实际"高于"本年计划"，实际高于计划 2 810（552 130-549 320）元。成本上升的原因是多方面的，既可能是由于产品单位成本的增加；也可能是由于产品产量和产品品种构成的变动，因为各种产品单位成本降低或升高的幅度不同。因此，应结合有关的明细资料查明影响产品总成本变动的主要因素和因素变动的主要原因，并对产品总成本增加的原因做出明确分析，以便总结降低产品成本的具体原因。

　　从表 7-11 中的"本期生产成本合计"来看，"本年累计实际"高于"本年计划"3 060（551 700-548 640）元，与上述全部产品生产成本情况基本相同。当然，实际工作中也可能不一致，因为尚有期初、期末在产品和自制半成品余额的变动影响。

　　从表 7-11 中各个成本项目来看，原材料、燃料及动力、职工薪酬和制造费用的"本年累计实际"与"本年计划"相比，升降的情况和升降的幅度各不相同。分析时不能停留在指标对比上，还应进一步查明影响指标变动的因素和原因。但由于影响各成本项目变动的因素和原因很多，因而分析难度大，工作量也大。如果表中列有本月计划数，还可以进行本月实际数与本月计划数的对比分析。

　　对于各成本项目的成本，还可计算构成比率，并在本年累计实际数、本月实际数和本年计划数之间进行对比分析。各项指标计算如下。

（1）"本年计划"构成比率。

原材料项目的成本比率 =284 420÷548 640×100%=51.84%

燃料及动力项目的成本比率 =82 800÷548 640×100%=15.09%

职工薪酬项目的成本比率 =126 200÷548 640×100%=23%

制造费用项目的成本比率 =1-51.84%-15.09%-23%=10.07%

（2）"本月实际"构成比率。

原材料项目的成本比率 =30 800÷63 070×100%=48.83%

燃料及动力项目的成本比率 =6 150÷63 070×100%=9.75%

职工薪酬项目的成本比率 =17 470÷63 070×100%=27.7%

制造费用项目的成本比率 =1-48.83%-9.75%-27.7%=13.72%

（3）"本年累计实际"构成比率。

原材料项目的成本比率 =275 420÷551 700×100%=49.92%

燃料及动力项目的成本比率 =79 360÷551 700×100%=14.38%

职工薪酬项目的成本比率 =139 470÷551 700×100%=25.28%

制造费用项目的成本比率 =1-49.92%-14.38%-25.28%=10.42%

以"本年累计实际"与"本年计划"相比，生产成本中原材料项目成本比重有所下降，燃料及动力、制造费用和职工薪酬项目成本的比重有所上升，说明企业在改进生产技术、提高原材料利用率、节约原材料耗费和改善职工工资待遇方面取得了一定的成绩。通过指标对比，只能了解指标变动的一般情况，由于各项指标变动受多种因素影响，因此分析时还应结合实际了解的情况和明细核算资料进一步查明原因，以便对其变动的合理性做出判断。

7.3　主要产品单位成本报表

cfo 告诉你

掌握主要产品单位成本报表的结构，以及其编制方法及分析方法。

主要产品

主要产品是指企业经常生产，在企业所有产品中所占份额比较大，能综合反映企业生产经营全貌的产品。

主要产品单位成本报表是反映企业报告期内生产的主要产品单位成本水平和构成状况的报表，其应根据主要产品分别编制。主要产品单位成本表，可以考核主要产品单位成本的计划完成情况，便于了解单位成本历史变化情况，以及分析主要产品技术经济指标的执行情况。

7.3.1 主要产品单位成本报表的结构及其编制方法

1. 结构

主要产品单位成本报表包括按成本项目反映的单位成本和单位成本的主要技术经济指标两部分。该报表的单位成本部分分别反映历史先进、上年实际平均、本年计划、本月实际和本年累计实际平均单位成本；该报表的主要技术经济指标部分反映原材料、生产工时等消耗情况。

2. 主要产品单位成本报表的编制方法

主要产品单位成本报表的填列方法如下。

（1）销售单价：根据产品定价单记录填列。

（2）产量：本月及本年累计计划产量应根据生产计划填列；本月实际产量应根据产品成本明细账或完工产品成本汇总表填列；本年累计实际产量应根据上月本表的本年累计实际产量加本月实际产量计算填列。

（3）单位成本：历史先进水平单位成本应根据历史该种产品成本最低年度成本表的实际平均单位成本填列；上年实际平均单位成本，应根据上年主要产品单位成本表累计实际平均单位成本填列；本年计划单位成本应根据本年成本计划填列；本月实际单位成本应根据产品成本明细账或产成品成本汇总表填列；本年累计实际平均单位成本应根据该种产品成本明细账所记录的自期初至报告期末完工入库产品实际总成本除累计实际产量计算填列。

（4）主要技术经济指标：该种产品主要原材料的消耗量和耗费的生产工时等，应根据业务技术核算资料填列。

【情景7-8】华信设备股份有限公司 2018 年 12 月份根据有关资料编制的主要产品（甲产品）单位成本报表如表 7-12 所示。

表 7-12　主要产品单位成本报表

编制单位：华信设备股份有限公司　　　　　　2018 年 11 月　　　　　　本月计划产量：120 件

产品名称：甲产品　　　　　　　　　　　　　　　　　　　　　　　　　实际产量：130 件

产品规格：×××　　　　　　　　　　　　　　　　　　　　　　　本年累计计划产量：1 500 件

计量单位：件　　　　　　　　　　　　　单位售价：420 元　　　　　本年累计实际产量：1 600 件

成本项目	历史先进水平		上年实际平均		本年计划		本月实际		本年累计实际平均	
原 材 料	106.50		108.00		107.50		106.00		107.00	
燃料及动力	18.00		24.00		23.50		20.20		22.80	
职工薪酬	68.00		69.00		68.50		68.20		68.00	
制造费用	46.00		48.00		47.00		46.40		46.00	
产品生产成本	238.50		249.00		246.50		240.80		243.80	
主要技术经济指标	计量单位	消耗量	单价	消耗量	单价	消耗量	单价	消耗量	单价	消耗量	单价
A 材料	千克	6	11.80	5.8	12.40	5.7	12.00	6	11.40	5.2	12.20
B 材料	千克	16	2.20	18	2.00	16.6	2.40	17	2.22	18	2.40
生产工时	小时	8.6		10.1		10		8.7		8	

7.3.2　主要产品单位成本报表的分析

主要产品单位成本报表用于分析主要产品单位成本的升降情况，确定产品结构、工艺和操作方法的改变，以及有关技术经济指标变动对产品单位成本的影响，查明产品单位成本升降的具体原因。

1. 主要产品单位成本变动情况分析

主要产品单位成本变动分析应重点分析两类产品：一类是单位成本升降幅度较大的产品；另一类是在企业全部产品中所占比重较大的产品。

【情景 7-9】华信设备股份有限公司根据甲产品的 2018 年 12 月"主要产品单位成本报表"（如表 7-12 所示）提供的资料和其他有关资料，运用比较分析法的原理，编制"主要产品单位成本变动情况分析表"，如表 7-13 所示。

表 7-13　主要产品单位成本变动情况分析表

编制单位：华信设备股份有限公司　　　　　　2018 年 12 月　　　　　　　　　　单位：元

成本项目	单位成本			与上年实际比		与本年计划比	
	上年实际	本年计划	本年实际	成本降低额	降低率（%）	成本降低额	降低率（%）
甲产品	249.00	246.50	243.80	5.2	2.09	2.70	1.1
其中：原材料	108.00	107.50	107.00	1.0	0.93	0.50	0.47
其中：燃料及动力	24.00	23.50	22.80	1.2	5.00	0.70	2.98
其中：职工薪酬	69.00	68.50	68.00	1.0	1.45	0.50	0.73

续表

成本项目	单位成本			与上年实际比		与本年计划比	
	上年实际	本年计划	本年实际	成本降低额	降低率（%）	成本降低额	降低率（%）
其中：制造费用	48.00	47.00	46.00	2.0	4.17	1.00	2.13
其中：其他产品							
...							

通过表 7-13 分析可知，与上年实际比较，华信设备股份有限公司甲产品的单位成本有所降低，成本降低额为 5.2 元，降低率为 2.09%。与本年计划比较，甲产品单位成本降低了 2.7 元，降低率为 1.1%。其中，原材料项目降低额为 0.5 元，降低率为 0.47%，燃料及动力项目降低额为 0.7 元，降低率为 2.98%，职工薪酬项目降低额为 0.5 元，降低率为 0.73%，制造费用项目降低额为 1 元，降低率为 2.13%，这四个项目都超额完成了计划，尤其是燃力及动力降低率达到 2.98%，取得了良好的成绩。

2. 主要成本项目分析

在主要产品单位成本的全部成本项目中，应重点分析升降幅度较大和所占比重较大的成本项目。

（1）原材料的分析。

原材料分析，主要分析单位产品原材料消耗量和单位原材料价格两个因素，用来考核消耗量和价格的变动对原材料成本的影响。

$$\genfrac{}{}{0pt}{}{原材料消耗数}{量变动的影响} = \left(\genfrac{}{}{0pt}{}{单位产品原材料}{实际消耗量} - \genfrac{}{}{0pt}{}{单位产品原材料}{计划消耗量} \right) \times \genfrac{}{}{0pt}{}{原材料}{计划价格}$$

$$\genfrac{}{}{0pt}{}{原材料价格}{变动的影响} = \left(\genfrac{}{}{0pt}{}{原材料}{实际价格} - \genfrac{}{}{0pt}{}{原材料}{计划价格} \right) \times \genfrac{}{}{0pt}{}{单位产品原材料}{实际消耗量}$$

【情景 7-10】根据表 7-12 和表 7-13 提供的资料，比较华信设备股份有限公司本年生产的甲产品与计划生产，发现原材料成本节约 0.5 元。根据甲产品消耗 A、B 两种材料，分析各因素的影响程度，编制"甲产品原材料成本分析表"如表 7-14 所示。

表 7-14　甲产品原材料成本分析表

编制单位：华信设备股份有限公司　　　　　　　　　2018 年度　　　　　　　　　　单位：元

原材料名称	计量单位	原材料消耗量		原材料价格		原材料成本		差异	
		计划	实际	计划	实际	计划	实际	数量	金额
A 材料	千克	5.70	5.20	12.00	12.20	68.40	63.44	-0.50	-4.96
B 材料	千克	16.60	18.00	2.40	2.40	39.84	43.20	1.40	3.36
合　计						108.24	106.64		-1.60

甲产品原材料成本实际比计划降低 0.5 元，是由原材料消耗量和原材料价格两个因素共同影响的。

① 原材料消耗量变动的影响额。

A 材料消耗量变动的影响额 =（5.2-5.7）×12=-6（元）

B 材料消耗量变动的影响额 =（18-16.6）×2.4=3.36（元）

② 原材料价格变动的影响额：

A 材料价格变动的影响额 =（12.2-12）×5.2=1.04（元）

B 材料价格变动的影响额 =（2.4-2.4）×18=0（元）

两个因素共同影响额 =-6+3.36+1.04+0=-1.6（元）

上述分析计算结果表明，在华信设备股份有限公司甲产品单位成本中，原材料实际成本比计划节约 0.5 元，节约率为 0.47%。节约的主要原因是单位产品的原材料消耗量降低任务超额完成计划。两种原材料的消耗量减少使原材料成本减少达 2.64 元（A 材料减少 6 元、B 材料增加 3.36 元），应当进一步总结经验。但由于 A 材料价格超过计划价格，使原材料成本增加 1.04 元，抵消了大部分由原材料消耗量降低而带来的成本节约成果。应当进一步分析两种原材料价格上升的原因，为进一步挖掘企业降低成本的潜力提供有用的信息。

在上述两个因素中，原材料价格变动多属外界因素，需结合市场供需和材料价格变动情况具体分析。这里重点分析原材料消耗量的变动情况和变动原因。

（2）职工薪酬的分析。

产品单位成本中的职工薪酬成本，受工人劳动生产率和工人平均薪酬两个因素影响。这两个因素也可以用单位产品生产工时消耗和小时平均薪酬（小时薪酬率）来表示。分析方法与原材料分析相似。

$$\frac{\text{工时消耗量}}{\text{变动的影响}}=\left(\frac{\text{单位产品}}{\text{实际工时}}-\frac{\text{单位产品}}{\text{计划工时}}\right)\times\frac{\text{计划小时}}{\text{薪酬率}}$$

$$\frac{\text{小时薪酬率}}{\text{变动的影响}}=\left(\frac{\text{实际小时}}{\text{薪酬率}}-\frac{\text{计划小时}}{\text{薪酬率}}\right)\times\frac{\text{单位产品}}{\text{实际工时}}$$

（3）制造费用的分析。

在生产两种以上产品的企业中，制造费用为间接计入费用，与生产工人计时工资一样，通常根据生产工时等分配标准分配计入产品成本。

【情景 7-11】根据表 7-12 和表 7-13 提供的资料，将华信设备股份有限公司本年生产的甲产品与计划比较，发现职工薪酬成本节约 0.5 元，节约率为 0.73%。各因素影响程度分析如下。

单位产品工时消耗变动的影响 =（8-10）×6=-12（元）

本年实际职工薪酬率 =68÷8=8.5

本年计划职工薪酬率 =68.5÷10=6.85

小时薪酬率变动的影响 =（8.5-6.85）×8=13.2（元）

两个因素共同影响 =-12+13.2=1.2（元）

上述分析计算结果表明，在华信设备股份有限公司甲产品单位成本中，职工薪酬成本实际比计划节约 0.5 元，节约率为 0.73%，其主要原因是小时薪酬超计划。由于小时薪酬率实际比计划提高 1.65元/小时（8.5-6.85），使甲产品单位成本增加 13.2 元；而甲产品单位产品工时消耗实际比计划减少 2 小时，使产品单位成本降低 12 元。这说明华信设备股份有限公司工人劳动生产率（表现为单位产品工时消耗）比计划有所提高，但由于工人平均薪酬（表现为小时薪酬率）的增长幅度未超过工人劳动生产率的增长幅度，从而使单位成本中的职工薪酬成本节约 0.5 元。

7.4　制造费用明细表

cfo 告诉你

制造费用是间接费用，要根据其特点来编制制造费用明细表，并对其进行分析。

关
键
术
语　制造费用明细表

7.4.1　制造费用明细表的结构与编制方法

1. 结构

制造费用明细表是反映企业在一定期间内发生的制造费用总额及其构成情况的报表，该报表一般按月编制，其格式如表 7-15 所示。

表 7-15 制造费用明细表

编制单位：华信设备股份有限公司　　　　　2018 年 12 月　　　　　单位：元

费用项目	上年实际	本年计划	本月实际	本年累计实际
1．职工薪酬	42 600.00	42 200.00	4 600.00	44 800.00
2．折旧费	500.00	440.00	280.00	560.00
3．租赁费				
4．修理费	510.00	500.00	200.00	600.00
5．劳动保护费	400.00	500.00		600.00
6．低值易耗品摊销	800.00	250.00	150.00	650.00
7．水电费	5 600.00	6 000.00	600.00	5 200.00
8．办公费	600.00	800.00	500.00	520.00
9．差旅费	200.00	500.00		420.00
10．运输费	600.00	400.00	200.00	550.00
11．保险费	500.00	750.00	200.00	460.00
12．设计制图费	200.00	0.00	1 200.00	1 200.00
13．试验检验费	2 000.00	2 200.00	200.00	1 060.00
14．停工损失	850.00	680.00	520.00	800.00
15．在产品盘亏和毁损				
16．其他				
合　计	55 360.00	55 220.00	8 650.00	57 420.00

2．编制方法

制造费用明细表按制造费用项目反映该费用的本年计划数、上年同期实际数、本月实际数和本年累计实际数。

表中的"上年实际"根据上年 12 月份编制的制造费用明细表"本年累计实际"栏的数字填列；"本年计划"根据本年制造费用预算资料填列；"本月实际"根据制造费用明细账中各费用项目本月发生额填列；"本年累计实际"根据制造费用明细账中各费用项目本年累计发生额填列。

7.4.2　制造费用明细表的分析

通过对制造费用明细表的分析，可以了解制造费用计划的执行情况和各项费用变动的原因，以及对产品成本的影响。

对制造费用明细表进行分析时，采用的方法主要是对比分析法和构成比率分析法两种分析方法。采用对比分析法进行分析时，通常先将本月实际数与上年同月实际数进行对比，揭示本月实际与上年同月之间的增减变化。在表中列有本月计划数的情况下，则可与本月计划数进行比较，以便分析和考核制造费用月度计划的执行情况。再将本年累计实际数与本年计划数进行比较，如果该报表是 12 月份报表，则本年累计实际数与本年计划数的差异，就是全年制造费用计划执行的结果；如果不是 12 月份的报表，则这两者之间的差异只是反映年度内计划执行的情况。

由于制造费用的具体费用项目的性质和用途不同，评价各项费用超支或节约时应结合费用的性质和用途具体分析，正确客观看待，不能简单地将一切超支都看成是不合理的、不利的，也不能简单地将一切节约均看成是合理的、有利的。

在采用构成比率分析法进行制造费用分析时，可以计算某项费用占制造费用合计数的构成比率，以分析其结构是否合理；也可以将本年累计实际构成比率与本年计划构成比率进行比较，以揭示差异，从而分析差异变化是否合理。